DE ULTIEME KERSTKOKERCOLLECTIE

100 onweerstaanbare recepten om uw vakantie zoeter te maken

Susanne Jönsson

Auteursrechtmateriaal ©2023

Alle rechten voorbehouden

Geen enkel deel van dit boek mag in welke vorm of op welke manier dan ook worden gebruikt of overgedragen zonder de juiste schriftelijke toestemming van de uitgever en eigenaar van het auteursrecht, met uitzondering van korte citaten die in een recensie worden gebruikt. Dit boek mag niet worden beschouwd als vervanging voor medisch, juridisch of ander professioneel advies.

INHOUDSOPGAVE _

INVOERING **6**

SUIKERKOEKJES **8**

    1. Luxe suikerkoekjes 9
    2. Kerst suikerkoekjes 11
    3. Vetvrije suikerkoekjes 13
    4. Eerste snijd en bak suikerkoekjes 15
    5. Gouden Esdoornsuikerkoekjes 17
    6. Vakantie suikerkoekjes 19
    7. Koekjes met amandelsuiker 21
    8. Suikerkoekjes 23
    9. Suikerkoekjes met botercrèmeglazuur 25
    10. Basisreuzelsuikerkoekjes 27
    11. Kaneel-suikerkoekjes 29
    12. Kruidige suikerkoekjes 31
    13. Pistache-suikerkoekjes 33

PEPERMUNT KOEKJES **35**

    14. Pepermunt Schors Suikerkoekjes 36
    15. Pepermuntkoekjes met witte chocolade 38
    16. Chocoladekoekjes met pepermunt 40
    17. Pepermunt Mokka Koekjes 42
    18. Pepermunt-suikerkoekjes 44
    19. Pepermunt Fonkeling Koekjes 46
    20. Chocolade pepermunt vingerafdrukkoekjes 49

DUIMAFDRUK KOEKJES **51**

    21. Frambozenvingerafdrukkoekjes 52
    22. Vingerafdrukkoekjes met pindakaas en gelei 54
    23. Snickers Bar vingerafdrukkoekjes 56
    24. Nootachtige frambozenvingerafdrukkoekjes 58
    25. Vingerafdrukkoekjes met Ube Jam 60

KOEKJES VAN ZANDKOEKJES **63**

    26. Zandkoekkoekjes met amandelen 64
    27. Zandkoekkoekjes met bruine suiker 66
    28. In chocolade gedoopte macadamia-zandkoekkoekjes 68
    29. Fruitige zandkoekkoekjes 70
    30. Zandkoekkoekjes met lavendel 72

31. Zandkoekkoekjes van mokka 74
32. Zandkoekkoekjes met pinda's 76
33. Gekruide zandkoekkoekjes 78
34. Zandkoekkoekjes met pecannoten 80
35. Zandkoekkoekjes met hazelnoot uit Oregon 82

SNICKERDOODLE 84

36. Snickerdoodles van maïsmeel 85
37. Snickerdoodles met laag vetgehalte 87
38. Volkoren snickerdoodles 89
39. Advocaat snickerdoodles 91
40. Chocolade snickerdoodles 93

PEPERKOEK KOEKJES 95

41. Peperkoekjongens 96
42. Peperkoekboterkoekjes 98
43. Chocolade peperkoekkoekjes 100
44. Bevroren peperkoekkoekjes 103
45. Nootachtige peperkoekkoekjes 106
46. Citroen-peperkoekkoekjes 109

LINZER-KOEKJES 112

47. Chocolade-hazelnoot Linzer-koekjes 113
48. Abrikozen-amandel Linzer-koekjes 115
49. Citroen-bosbessen Linzer-koekjes 117
50. Chocolade-sinaasappel Linzer-koekjes 119
51. Pecan-esdoorn Linzer-koekjes 121
52. Frambozen Linzer Boterkoekjes 123
53. Yuzu Linzer-koekjes 125

POMPOENKOEKJES 129

54. Pompoen Koekjes 130
55. Pompoen en verse gemberkoekjes 132
56. Pompoen-snickerdoodle-koekje 134
57. Pompoen-chocoladekoekjes 136
58. Pompoentaart specerij scone koekjes 138
59. Pompoennootkoekjes 141

CHOCOLADE KOEKJES 143

60. Pretzel- en karamelkoekjes 144
61. Buckeye-koekje 146
62. Cakemixkoekjes _ 148
63. Muesli- en chocoladekoekjes 150
64. Duitse koekjes 152

65. Chocolade koekjes 154
66. Sinaasappel-roomkaaskoekjes 156
67. Chewy choco-roomkaaskoekjes 158
68. Goji-bessen-chocoladekoekjes 160
69. Biscoff-chocoladekoekjes 162
70. Koekjes uit het Zwarte Woud 164
71. Chocoladetruffelkoekjes 167
72. Dubbele chocoladesandwiches 170
73. Chocolade koekjes 172
74. Matcha-koekjes met witte chocolade zonder baksel 174
75. Cadbury- en hazelnootkoekjes 176
76. Cakemixkoekjes _ 178
77. Duitse koekjes 180
78. Kersenkoekjes _ 182
79. Speculaas 184
80. Cornflake-chocoladekoekjes 187
81. Cappuccinokoekjes met witte chocolade 189
82. Snickers Bar gevulde chocoladekoekjes 192

KOEKJES **194**

83. Brownie Koekjes 195
84. Amandelkoekjes 197
85. Anijskoekjes 199
86. Anijs-citroenkoekjes 201
87. Kersenkoekjes 203
88. Hazelnoot- en abrikozenkoekjes 205
89. Citroen-rozemarijnkoekjes 207

GEGEVEN KOEKJES **209**

90. Oranje Cranberry-druppels 210
91. Suikerpruimdruppels 212
92. Weense Crescent-vakantiekoekjes 214
93. Dropkoekjes met appel-rozijnen 216
94. Kersendruppelkoekjes 218
95. Cacao dropkoekjes 220
96. Met datum gevulde dropkoekjes 222
97. Duivelse voedseldruppelkoekjes 224
98. Dropkoekjes met hickorynoten 227
99. Ananas dropkoekjes 229
100. Rozijn-ananasdruppelkoekjes 231

CONCLUSIE **233**

INVOERING

Terwijl de winterwinden een tapijt van rijp voor uw raam weven, ontvouwt het feestseizoen zijn magische charme en nodigt het u uit om de warmte en vreugde te omarmen die met de feestdagen gepaard gaan. En wat is een betere manier om deze betoverende reis te beginnen dan door jezelf onder te dompelen in de heerlijke symfonie van aroma's die uit je keuken komen – waar de alchemie van ingrediënten transformeert in de hartverwarmende essentie van versgebakken kerstkoekjes? De Ultieme Kerstkokercollectie breidt een uitnodiging uit, niet alleen op culinair gebied, maar ook op een gebied van gedeelde tradities, liefde en het creëren van dierbare momenten met degenen die u het meest dierbaar zijn.

Binnen de pagina's van deze collectie beginnen we aan een verrukkelijke odyssee: een reis die het gewone overstijgt en het bakken transformeert in een viering van kunstenaarschap. Bakken wordt meer dan een culinaire bezigheid; het wordt een oprechte uiting van liefde en een voortzetting van gekoesterde tradities. In deze betoverende compilatie brengen we hulde aan de vreugdevolle essentie van Kerstmis, waarbij elk recept een zorgvuldig samengesteld bewijs is van de warmte van het seizoen, en je uitnodigt om niet alleen te genieten van de smaken, maar ook van de herinneringen die ze oproepen, die lang na het klatergoud blijven hangen. ornamenten zijn ingepakt.

Duik in een culinair avontuur dat de klassiekers omvat, de aloude favorieten die nostalgie en een gevoel van thuis oproepen. Maar wees niet bang om de innovatieve wendingen te ontdekken die een vleugje spanning toevoegen aan uw vakantierepertoire. Van de iconische suikerkoekjes versierd met feestelijk glazuur, een canvas voor je creatieve uitingen, tot de geruststellende en rijke aroma's van peperkoek die beelden oproepen van schilderachtige winterhuisjes, en de heerlijke geneugten van pepermunt-chocoladecreaties die dansen op de smaakpapillen. De Ultieme Kerstkokercollectie is een belofte - een belofte dat u op de pagina's de perfecte traktatie zult vinden voor elke smaak, elke gelegenheid en elk gekoesterd moment dat wacht om gecreëerd te worden.

Moge je dus, terwijl je aan deze reis door de pagina's van deze collectie begint, niet alleen heerlijke recepten ontdekken, maar ook een ruimte vinden waar het bakken een kanaal wordt voor liefde, traditie en het creëren van herinneringen die lang zullen blijven bestaan. zoals de groenblijvende geest van Kerstmis zelf.

SUIKERKOEKJES

1.Luxe suikerkoekjes

INGREDIËNTEN:
- 1 kop Boter of margarine, verzacht
- 1½ kopjes banketbakkerssuiker
- 1 ei, geslagen
- 1 theelepel vanille-extract
- ½ theelepel amandelextract
- 2½ kopjes Bloem voor alle doeleinden
- 1 theelepel zuiveringszout
- 1 theelepel wijnsteencrème

INSTRUCTIES:
a) Meng in een mengkom de boter en de banketbakkerssuiker.
b) Voeg het losgeklopte ei en de extracten toe aan het afgeroomde mengsel.
c) Meng in een aparte kom bloem, zuiveringszout en wijnsteencrème. Voeg dit droge mengsel geleidelijk toe aan het afgeroomde mengsel en meng goed. Laat het deeg minimaal 1 uur afkoelen.
d) Rol op een oppervlak dat licht is bestrooid met banketbakkerssuiker een kwart van het deeg uit tot een dikte van ⅛ inch.
e) Snijd het opgerolde deeg in de gewenste vormen.
f) Plaats de uitsparingen op niet-ingevette bakplaten.
g) Herhaal het rol- en snijproces met het resterende deeg.
h) Bak op 350 graden Fahrenheit gedurende 7 tot 8 minuten of totdat de randen bruin beginnen te worden.
i) Geniet van deze luxe suikerkoekjes, perfect voor elke gelegenheid!

2.Kerst suikerkoekjes

INGREDIËNTEN:
- 1 kopje suiker
- 3 kopjes Gezeefde bloem
- 1½ theelepel Geraspte citroenschil
- 2 kopjes Boter, verzacht
- 2 grote eidooiers

INSTRUCTIES:
a) Klop suiker en boter in een middelgrote kom.
b) Klop de eidooiers erdoor.
c) Voeg gezeefde bloem en geraspte citroenschil toe. Kneed zachtjes door elkaar. Overwerk het deeg niet, maar zorg ervoor dat het consistent is.
d) Laat het deeg 3 uur afkoelen.
e) Verwarm de oven voor op 350 ° F.
f) Rol het gekoelde deeg uit met een deegroller.
g) Snijd in de gewenste vormen en plaats ze op ingevette bakplaten.
h) Bak tot de bovenkant rozebruin wordt, ongeveer 8 minuten.
i) Geniet van deze feestelijke kerstsuikerkoekjes, perfect voor feestdagen!

3.Vetvrije suikerkoekjes

INGREDIËNTEN:
- 4 ons eierkloppers 99% eiervanger
- 2 kopjes suiker
- 2 theelepels bakpoeder
- ¼ theelepel zout
- 2 theelepels Vanille
- 2 kopjes bloem

INSTRUCTIES:
a) Verwarm de oven voor op 350 graden Fahrenheit.
b) Meng de bovenstaande ingrediënten één voor één in een middelgrote kom.
c) Meng goed na elke toevoeging; het deeg moet redelijk droog zijn.
d) Laat het deeg op een bakplaat vallen die licht is besproeid met kookspray.
e) Bak ongeveer 10-12 minuten.
f) Laat ongeveer 3-5 minuten afkoelen voordat u het van de bakplaat verwijdert.
g) Geniet van deze vetvrije suikerkoekjes als lichter alternatief!

4. Eerste snijd en bak suikerkoekjes

INGREDIËNTEN:
- 1¾ kopjes bloem
- ¾ theelepel zout
- ½ theelepel bakpoeder
- 10 eetlepels boter (margarine/bakvet), op kamertemperatuur
- 1 kopje suiker
- 1 ei
- 1½ theelepel vanille-extract
- 1½ kopjes walnoten of pecannoten, fijngehakt (optioneel)

INSTRUCTIES:
a) Meng bloem, zout en bakpoeder.
b) Klop met een elektrische mixer op middellage snelheid de boter en de suiker tot ze licht en luchtig zijn.
c) Klop het ei en de vanille erdoor.
d) Verlaag de snelheid naar laag en klop het bloemmengsel erdoor tot het net gemengd is.
e) Verdeel het deeg in tweeën en vorm elk stuk tot een blok met een diameter van ongeveer 2,5 cm.
f) Dek af met plasticfolie en draai de uiteinden van de folie om het deeg in een gladde cilinder te drukken.
g) Zet in de koelkast tot het bijna stevig is, ongeveer 30 minuten.
h) Verdeel ongeveer de helft van de noten op een werkblad. Rol één blok in de moeren zodat het hele oppervlak bedekt is. Verpak het opnieuw en laat het minimaal 30 minuten afkoelen.
i) Herhaal met het andere logboek.
j) Verwarm de oven voor op 350 ° F.
k) Snijd het gekoelde deeg in plakjes van ongeveer ⅜ "dik.
l) Leg ze op niet-ingevette bakplaten, ongeveer 5 cm uit elkaar, en bak tot de randen bruin beginnen te worden, ongeveer 8-10 minuten.

5. Gouden Esdoornsuikerkoekjes

INGREDIËNTEN:
- 2½ kopjes gezeefde bloem
- 1 theelepel zuiveringszout
- 1 theelepel Tartaarcrème
- ¼ theelepel zout
- 1⅓ kopjes Crisco met botersmaak
- 1½ theelepel Vanille
- 2 eetlepels pure ahornsiroop
- 2 kopjes suiker
- 2 Eidooiers

INSTRUCTIES:
a) Zeef de bloem, het bakpoeder, de wijnsteenroom en het zout. Opzij zetten.
b) Klop in een mengkom de Crisco, vanille en ahornsiroop samen tot ze goed gemengd zijn.
c) Voeg geleidelijk de suiker toe en roer tot het mengsel licht en luchtig is.
d) Voeg de eidooiers één voor één toe en klop goed na elke toevoeging.
e) Voeg langzaam de gezeefde droge ingrediënten toe en klop tot ze net gemengd zijn.
f) Maak balletjes met een diameter van ongeveer 1½ inch en plaats ze 5,5 cm uit elkaar op een niet-ingevette bakplaat.
g) Bak op 350 graden gedurende 9 tot 11 minuten of totdat de randen net goudbruin beginnen te worden.
h) Laat de koekjes minimaal twee minuten afkoelen op de bakplaat voordat u ze op een rooster legt om volledig af te koelen.

6.Vakantie suikerkoekjes

INGREDIËNTEN:
- 1 kop Boter of margarine, verzacht
- 1½ kopjes banketbakkerssuiker
- 1 ei, lichtgeklopt
- 1 theelepel vanille-extract
- 1 theelepel amandelextract
- 2½ kopjes Bloem voor alle doeleinden
- Decoratiesuiker, optioneel

INSTRUCTIES:
a) Klop boter en suiker romig in een mengkom.
b) Voeg ei en extracten toe. Roer de bloem erdoor; Meng goed. Chill enkele uren.
c) Rol het deeg uit tot een dikte van ¼ inch op een licht met bloem bestoven oppervlak.
d) Snijd met een koekjesvormer van 2½ of 3 inch.
e) Plaats op niet-ingevette bakplaten; bestrooi eventueel met suiker.
f) Bak op 375 ° F gedurende 8 tot 10 minuten of tot ze lichtbruin zijn.

7. Koekjes met amandelsuiker

INGREDIËNTEN:
- 5 eetlepels margarine (75 g)
- 1½ eetlepel Fructose
- 1 eetlepel eiwit
- ¼ theelepel amandel-, vanille- of citroenextract
- 1 kopje ongebleekte bloem
- ⅛ theelepel zuiveringszout
- 1 snufje Wijnsteencrème
- 32 Amandelplakken

INSTRUCTIES:

a) Verwarm de oven voor op 350F (180C). Meng margarine en fructose in een middelgrote kom en klop tot het licht en luchtig is. Meng het eiwit en het amandelextract erdoor.

b) Roer geleidelijk de bloem, bakpoeder en wijnsteen erdoor; Meng goed. Vorm balletjes van ½ inch (1½ cm). Plaats op een bakplaat met anti-aanbaklaag.

c) Giet een glas met een platte bodem door de bloem en druk op elk balletje om het koekje plat te maken. Beleg elk koekje met een schijfje amandel. Bak gedurende 8 tot 10 minuten, tot ze lichtbruin zijn. Breng het over naar perkament of vetvrij papier om af te koelen.

8.Suikerkoekjes

INGREDIËNTEN:
- chocoladecakemix van 18,25 ounce
- ¾ kopje boter
- 2 eiwitten
- 2 eetlepels lichte room

INSTRUCTIES:
a) Doe het cakemengsel in een grote kom. Gebruik een deegblender of twee vorken en snijd de boter erdoor tot de deeltjes fijn zijn.
b) Meng het eiwit en de room erdoor tot het gemengd is. Vorm het deeg tot een bal en dek af.
c) Laat minimaal twee uur en maximaal 8 uur in de koelkast afkoelen.
d) Verwarm de oven voor op 375 ° F.
e) Rol het deeg in balletjes van 1 inch en plaats deze op niet-ingevette bakplaten. Maak het plat tot een dikte van ¼ inch met de bodem van een glas.
f) Bak gedurende 7-10 minuten of tot de koekjesranden lichtbruin zijn.
g) Laat het 2 minuten afkoelen op bakplaten en verwijder het dan op roosters om volledig af te koelen.

9. Suikerkoekjes met botercrèmeglazuur

INGREDIËNTEN:
KOEKJE:
- 1 kopje boter
- 1 kopje witte suiker
- 2 eieren
- 1/2 theelepel vanille-extract
- 31/4 kopjes bloem voor alle doeleinden
- 1/2 theelepel bakpoeder
- 1/2 theelepel zuiveringszout
- 1/2 theelepel zout

BOTERCRÈME glazuur:
- 1/2 kopje bakvet
- 1 pond banketbakkerssuiker
- 5 eetlepels water
- 1/4 theelepel zout
- 1/2 theelepel vanille-extract
- 1/4 theelepel botersmaakextract

INSTRUCTIES:

a) Meng in een grote kom boter, suiker, eieren en vanille met een elektrische mixer tot het licht en luchtig is. Combineer de bloem, bakpoeder, bakpoeder en zout; Roer het bloemmengsel geleidelijk door het botermengsel tot het goed gemengd is met een stevige lepel. Laat het deeg 2 uur afkoelen.

b) Verwarm de oven voor op 200 °C. Rol het deeg op een licht met bloem bestoven oppervlak uit tot een dikte van 1/4 inch. Snijd in de gewenste vormen met behulp van koekjesvormers. Plaats de koekjes met een onderlinge afstand van 5 cm op niet-ingevette bakplaten.

c) Bak 4 tot 6 minuten in de voorverwarmde oven. Haal de koekjes uit de pan en laat ze afkoelen op roosters.

d) Gebruik een elektrische mixer en klop het bakvet, de banketbakkerssuiker, het water, het zout, het vanille-extract en de botersmaak tot het luchtig is. Frost koekjes nadat ze volledig zijn afgekoeld.

10. Basisreuzelsuikerkoekjes

INGREDIËNTEN:
- ¾ kopje reuzel
- ¾ kopje Verpakte bruine suiker
- 1 elk ei
- 1 theelepel vanille
- 1 theelepel bakpoeder
- 2 kopjes bloem

INSTRUCTIES:
a) Klop het reuzel, de suiker en het ei samen tot het romig en goed gemengd is.
b) Roer de vanille erdoor en voeg het bakpoeder en de bloem toe tot er een deeg ontstaat.
c) Vorm balletjes van het deeg met een diameter van ongeveer 1 inch en leg ze op een bakplaat.
d) Maak de balletjes een beetje plat met je vingers, zodat er een rond koekje ontstaat. (Bestrooi voor suikerkoekjes de bovenkant met een beetje suiker.) Bak in een voorverwarmde 350 oven tot de randen mooi bruin zijn.
e) Verwijder en laat afkoelen.

11.Kaneel-suikerkoekjes

INGREDIËNTEN:
- 2½ kopje bloem
- ½ kopje boter
- 2½ theelepel bakpoeder
- ¾ kopje suiker
- ¼ theelepel zout
- 1 ei; geslagen
- ⅛ theelepel kaneel
- ½ kopje karnemelk
- Suiker mengsel
- ½ kopje suiker
- 1 theelepel kaneel

INSTRUCTIES:

a) Meng de bloem met bakpoeder, zout en ⅛ theelepel kaneel. In een andere kom het bakvet en de suiker tot een licht en luchtig mengsel roeren. Voeg het ei toe en klop goed.

b) Roer ⅓ van de bloem erdoor, voeg dan de melk en de resterende bloem toe en meng tussen elke toevoeging. Voeg geen bloem meer toe, er ontstaat een zacht deeg dat niet plakkerig is nadat het is afgekoeld.

c) Zet het deeg een paar uur in de koelkast tot het goed gekoeld is. Neem eetlepels deeg en vorm er voorzichtig balletjes van.

d) Rol de deegballetjes door het kaneel/suikermengsel, druk ze plat en leg ze op een ingevette bakplaat en bak ze ongeveer 12 minuten op 375 graden.

12. Kruidige suikerkoekjes

INGREDIËNTEN:
- ¾ kopje plantaardig bakvet op kamertemperatuur
- 1 kop Stevig verpakte lichtbruine suiker
- 1 groot ei, lichtgeklopt
- ¼ kopje Ongezwavelde melasse
- 2 kopjes All-purpose Flour
- 2 theelepels zuiveringszout
- 1 theelepel kaneel
- 1 theelepel Gemalen gember
- ½ theelepel gemalen kruidnagel
- ¼ theelepel zout
- Kristalsuiker voor het onderdompelen van de deegballen.

INSTRUCTIES:

a) Klop het bakvet met de bruine suiker in een kom tot het mengsel licht en luchtig is en roer het ei en de melasse erdoor.

b) Zeef de bloem, het bakpoeder, de kaneel, de gember, de kruidnagels en het zout in een andere kom, voeg het bloemmengsel in gedeelten toe aan het bakvetmengsel en meng het deeg goed. Laat het deeg afgedekt 1 uur afkoelen.

c) Rol afgestreken eetlepels deeg tot balletjes, doop één kant van elke bal in de kristalsuiker en leg de balletjes met de gesuikerde kant naar boven, ongeveer 7,5 cm uit elkaar op ingevette bakplaten.

d) Bak de koekjes in batches in het midden van een voorverwarmde oven van 375 graden F gedurende 10 tot 12 minuten, of totdat ze gepoft en gebarsten zijn. breng de koekjes met een metalen spatel over naar rekken en laat ze afkoelen.

13. Pistache-suikerkoekjes

INGREDIËNTEN:
- ½ kopje boter
- 1 kopje suiker
- 1 groot ei
- 1 theelepel vanille
- 1¼ kopje Gezeefde bloem
- 1 theelepel bakpoeder
- ¼ theelepel zout
- ⅓ kopje Fijngehakte pistachenoten

INSTRUCTIES:

a) Klop de boter en de suiker in een grote kom tot ze zacht en luchtig zijn; klop het ei en de vanille erdoor. Combineer bloem, bakpoeder en zout; voeg toe aan het afgeroomde mengsel en meng goed. Laat het deeg grondig afkoelen.

b) Verwarm de oven voor op 375ø. Rol het deeg uit tot een dikte van ¼ inch op een licht met bloem bestoven bord. Snijd met koekjesvormers en plaats ze op niet-ingevette bakplaten. Strooi er gehakte pistachenoten bovenop; lichtjes aandrukken.

c) Bak op 375ø gedurende ongeveer 5 minuten of tot de randen bruin beginnen te worden.

d) Verwijderen naar roosters om af te koelen.

PEPERMUNT KOEKJES

14. Pepermunt Schors Suikerkoekjes

INGREDIËNTEN:
- 1 kopje ongezouten boter, verzacht
- 1 kopje kristalsuiker
- 1 groot ei
- 1 theelepel vanille-extract
- 2 1/2 kopjes bloem voor alle doeleinden
- 1/2 theelepel bakpoeder
- 1/2 theelepel zuiveringszout
- 1/2 theelepel zout
- Geplette pepermunt snoep

INSTRUCTIES:
a) Verwarm de oven voor op 180°C (350°F) en bekleed de bakplaten met bakpapier.
b) Klop in een kom de boter en de suiker tot een licht en luchtig geheel. Klop het ei en de vanille erdoor.
c) Meng in een aparte kom de bloem, bakpoeder, zuiveringszout en zout. Voeg dit droge mengsel geleidelijk toe aan de natte ingrediënten en meng tot alles goed gemengd is.
d) Vouw het gemalen pepermuntsnoepje erdoor.
e) Laat ronde theelepels deeg op de voorbereide bakplaten vallen.
f) Bak gedurende 10-12 minuten of tot de randen licht goudbruin zijn. Laat de koekjes een paar minuten afkoelen op de bakplaten voordat u ze op een rooster legt.

15.Pepermuntkoekjes met witte chocolade

INGREDIËNTEN:
- 1 kopje ongezouten boter, verzacht
- 1 kopje kristalsuiker
- 2 grote eieren
- 1 theelepel vanille-extract
- 3 kopjes bloem voor alle doeleinden
- 1/2 theelepel bakpoeder
- 1/4 theelepel zout
- 1 kopje witte chocoladestukjes
- 1/2 kop gemalen pepermuntsnoepjes

INSTRUCTIES:
a) Verwarm de oven voor op 180°C (350°F) en bekleed de bakplaten met bakpapier.
b) In een grote kom de zachte boter en de kristalsuiker tot een licht en luchtig mengsel kloppen.
c) Klop de eieren en het vanille-extract erdoor tot alles goed gemengd is.
d) Meng in een aparte kom de bloem, bakpoeder en zout.
e) Voeg geleidelijk de droge ingrediënten toe aan de natte ingrediënten en meng tot ze net gemengd zijn.
f) Vouw de witte chocoladestukjes en het gemalen pepermuntsnoepjes erdoor.
g) Laat ronde eetlepels deeg op de voorbereide bakplaten vallen.
h) Bak gedurende 10-12 minuten of tot de randen goudbruin zijn.
i) Laat de koekjes een paar minuten afkoelen op de bakplaat voordat je ze op een rooster legt.

16. Chocoladekoekjes met pepermunt

INGREDIËNTEN:
- 1 kop (2 stokjes) ongezouten boter, verzacht
- 1 kopje kristalsuiker
- 1 kopje verpakte lichtbruine suiker
- 2 grote eieren
- 1 theelepel vanille-extract
- 3 kopjes bloem voor alle doeleinden
- 1 theelepel zuiveringszout
- 1/2 theelepel bakpoeder
- 1/2 theelepel zout
- 1 kopje chocoladestukjes
- 1 kopje gemalen pepermuntsnoepjes of zuurstokken

INSTRUCTIES:
a) Verwarm uw oven voor op 175°C (350°F) en bekleed de bakplaten met bakpapier.
b) Meng in een grote mengkom de zachte boter, de kristalsuiker en de bruine suiker tot een licht en luchtig mengsel.
c) Voeg de eieren één voor één toe en klop goed na elke toevoeging. Roer het vanille-extract erdoor.
d) Meng in een aparte kom de bloem, baksoda, bakpoeder en zout.
e) Voeg geleidelijk de droge ingrediënten toe aan de natte ingrediënten en meng tot alles gemengd is.
f) Vouw de chocoladestukjes en het gemalen pepermuntsnoepjes erdoor.
g) Laat ronde eetlepels deeg op de voorbereide bakplaten vallen, met een onderlinge afstand van ongeveer 5 cm.
h) Bak in de voorverwarmde oven gedurende 10-12 minuten of tot de randen goudbruin zijn.
i) Laat de koekjes een paar minuten afkoelen op de bakplaten voordat je ze op een rooster legt om volledig af te koelen.

17. Pepermunt Mokka Koekjes

INGREDIËNTEN:
- 1 kop (2 stokjes) ongezouten boter, verzacht
- 1 kopje kristalsuiker
- 2 grote eieren
- 1 theelepel pepermuntextract
- 2 kopjes All-purpose Flour
- 1/2 kop ongezoet cacaopoeder
- 1 theelepel zuiveringszout
- 1/2 theelepel zout
- 1 kopje witte chocoladestukjes
- 1/2 kop gemalen snoepriet of pepermuntsnoepjes

INSTRUCTIES:
a) Verwarm uw oven voor op 175°C (350°F) en bekleed de bakplaten met bakpapier.
b) Meng in een grote kom de zachte boter en de kristalsuiker tot een licht en luchtig mengsel.
c) Voeg de eieren één voor één toe en klop goed na elke toevoeging. Roer het pepermuntextract erdoor.
d) Meng in een aparte kom de bloem, cacaopoeder, zuiveringszout en zout.
e) Voeg geleidelijk de droge ingrediënten toe aan de natte ingrediënten en meng tot alles gemengd is.
f) Vouw de witte chocoladestukjes en de geplette zuurstokken erdoor.
g) Laat ronde eetlepels deeg op de voorbereide bakplaten vallen, met een onderlinge afstand van ongeveer 5 cm.
h) Bak in de voorverwarmde oven gedurende 8-10 minuten of tot het gaar is.
i) Laat de koekjes een paar minuten afkoelen op de bakplaten voordat je ze op een rooster legt om volledig af te koelen.

18. Pepermunt-suikerkoekjes

INGREDIËNTEN:
- 1 kop (2 stokjes) ongezouten boter, verzacht
- 1 kopje kristalsuiker
- 2 grote eieren
- 1 theelepel pepermuntextract
- 3 kopjes bloem voor alle doeleinden
- 1 1/2 theelepel bakpoeder
- 1/2 theelepel zout
- Geplette pepermuntsnoepjes om te rollen

INSTRUCTIES:
a) Verwarm uw oven voor op 175°C (350°F) en bekleed de bakplaten met bakpapier.
b) Meng in een grote kom de zachte boter en de kristalsuiker tot een licht en luchtig mengsel.
c) Voeg de eieren één voor één toe en klop goed na elke toevoeging. Roer het pepermuntextract erdoor.
d) Meng in een aparte kom de bloem, het bakpoeder en het zout.
e) Voeg geleidelijk de droge ingrediënten toe aan de natte ingrediënten en meng tot alles gemengd is.
f) Vorm het deeg in balletjes van 1 inch en rol ze in gemalen pepermuntsnoepjes om ze te bedekken.
g) Plaats de gecoate ballen op de voorbereide bakplaten, met een onderlinge afstand van ongeveer 5 cm.
h) Bak in de voorverwarmde oven gedurende 10-12 minuten of tot de randen licht goudbruin zijn.
i) Laat de koekjes een paar minuten afkoelen op de bakplaten voordat je ze op een rooster legt om volledig af te koelen.

19. Pepermunt Fonkeling Koekjes

INGREDIËNTEN:
- 1 kopje gezouten boter
- 1 kopje suiker plus ongeveer ¼ kopje extra voor het rollen
- 1 groot ei
- 1 theelepel bakpoeder
- ¼ theelepel fijnkorrelig zout
- ½ kopje gemalen pepermunt plus ongeveer ½ kopje extra om te rollen
- 2 kopjes All-purpose Flour

INSTRUCTIES:

a) Verwarm uw oven voor op 375 graden F en bekleed een bakplaat of twee met bakpapier.

b) Voeg in een grote kom de twee klontjes boter toe (blijf in de magnetron om indien nodig wat zachter te worden) en de suiker (1 kopje). Meng het geheel met een handmixer of staande mixer op hoge snelheid gedurende ongeveer 3 minuten.

c) Voeg het ei, bakpoeder (1 theelepel) en zout (¼ theelepel) toe en meng nog een minuut.

d) Voeg de bloem (2 kopjes) toe en meng tot alles net gemengd is. Voeg de gemalen pepermunt (½ kopje) toe en meng opnieuw tot alles net gemengd is.

e) Roer in een ondiepe kom ½ kopje gemalen pepermunt en ¼ kopje suiker door elkaar.

f) Gebruik een klein koekjeslepeltje, meet het deeg af en schep het rechtstreeks in de kom met pepermunt en suiker. Druk met je handen of de bodem van een glas zachtjes op het deeg, zodat het goed bedekt is met de pepermunt en de suiker. Druk niet te hard; je wilt dat ze ongeveer een halve centimeter dik zijn.

g) Plaats koekjes op de met bakpapier bedekte bakplaat. Als de pepermunt en de suiker op dit punt niet goed aan sommige ervan blijven plakken, kun je er wat extra over strooien. Bak op 375 graden F. gedurende ongeveer 10 minuten, of totdat de randen goudbruin beginnen te worden. In de tussentijd kun je op een andere bakplaat een tweede portie voor de oven bereiden.

h) Optioneel: deze koekjes worden tijdens het bakken behoorlijk plat. Als je een dikker cirkelkoekje wilt: Direct nadat je ze uit de oven hebt gehaald terwijl ze nog heet zijn, gebruik je een brede glazen of cirkelvormige koekjesvormer om voorzichtig rond elk koekje te lopen om er een cirkel van te maken.

i) Breng de koekjes over naar een koelrek om een paar minuten af te koelen en geniet ervan!

20. Chocolade pepermunt vingerafdrukkoekjes

INGREDIËNTEN:
- 1 kop (2 stokjes) ongezouten boter, verzacht
- 1/2 kopje kristalsuiker
- 2 grote eidooiers
- 2 theelepels pepermuntextract
- 2 kopjes All-purpose Flour
- 1/2 kop ongezoet cacaopoeder
- 1/2 theelepel zout
- 1 kopje chocoladeganache (gemaakt van gesmolten chocolade en slagroom)
- Geplette snoeprietjes als topping

INSTRUCTIES:
a) Verwarm uw oven voor op 175°C (350°F) en bekleed de bakplaten met bakpapier.
b) Meng in een grote kom de zachte boter en de kristalsuiker tot een licht en luchtig mengsel.
c) Voeg de eierdooiers één voor één toe en klop goed na elke toevoeging. Roer het pepermuntextract erdoor.
d) Meng in een aparte kom de bloem, het cacaopoeder en het zout.
e) Voeg geleidelijk de droge ingrediënten toe aan de natte ingrediënten en meng tot alles gemengd is.
f) Vorm balletjes van 1 inch van het deeg en plaats ze op de voorbereide bakplaten.
g) Maak met uw duim of de achterkant van een lepel een inkeping in het midden van elk koekje.
h) Bak in de voorverwarmde oven gedurende 10-12 minuten. Haal het uit de oven en herdefinieer indien nodig de inkepingen.
i) Laat de koekjes volledig afkoelen. Vul elke inkeping met chocoladeganache en strooi er gemalen zuurstokken overheen.

DUIMAFDRUK KOEKJES

21. Frambozenvingerafdrukkoekjes

INGREDIËNTEN:
- 1 kopje ongezouten boter, verzacht
- 2/3 kopje kristalsuiker
- 1 theelepel vanille-extract
- 2 kopjes All-purpose Flour
- 1/4 theelepel zout
- Frambozenjam om te vullen

INSTRUCTIES:
a) Verwarm de oven voor op 180 °C.
b) Meng in een grote kom de zachte boter en de suiker tot een licht en luchtig mengsel.
c) Roer het vanille-extract erdoor.
d) Meng in een aparte kom de bloem en het zout.
e) Voeg geleidelijk de droge ingrediënten toe aan de natte ingrediënten en meng tot alles goed gemengd is.
f) Rol het deeg in kleine balletjes en leg ze op een bakplaat.
g) Maak met uw duim of de achterkant van een theelepel een inkeping in het midden van elk koekje.
h) Vul elk kuiltje met een kleine hoeveelheid frambozenjam.
i) Bak gedurende 10-12 minuten of tot de randen licht goudbruin zijn.
j) Laat de koekjes een paar minuten afkoelen op de bakplaat voordat u ze op een rooster legt.

22. Vingerafdrukkoekjes met pindakaas en gelei

INGREDIËNTEN:
- 1 kopje ongezouten boter, verzacht
- 1 kopje pindakaas
- 1 kopje kristalsuiker
- 1 kopje verpakte bruine suiker
- 2 grote eieren
- 1 theelepel vanille-extract
- 2 1/2 kopjes bloem voor alle doeleinden
- 1 theelepel bakpoeder
- 1/2 theelepel zout
- Je favoriete smaak van gelei of jam

INSTRUCTIES:
a) Verwarm de oven voor op 180 °C.
b) Meng in een grote kom de zachte boter, pindakaas, kristalsuiker en bruine suiker tot het licht en luchtig is.
c) Klop de eieren en het vanille-extract erdoor tot alles goed gemengd is.
d) Meng in een aparte kom de bloem, het bakpoeder en het zout.
e) Voeg geleidelijk de droge ingrediënten toe aan de natte ingrediënten en meng tot er een zacht deeg ontstaat.
f) Rol het deeg in kleine balletjes en leg ze op een bakplaat bekleed met bakpapier.
g) Maak met je duim een inkeping in het midden van elk koekje.
h) Vul elke inkeping met je favoriete gelei of jam.
i) Bak gedurende 10-12 minuten of tot de randen licht goudbruin zijn.
j) Laat de koekjes een paar minuten afkoelen op de bakplaat voordat u ze op een rooster legt.

23. Snickers Bar vingerafdrukkoekjes

INGREDIËNTEN:
- 1 kopje ongezouten boter, verzacht
- ½ kopje kristalsuiker
- 2 grote eidooiers
- 1 theelepel vanille-extract
- 2 kopjes All-purpose Flour
- ½ theelepel zout
- 1 ½ kopje gehakte Snickers-repen

INSTRUCTIES:
a) Verwarm uw oven voor op 175°C (350°F) en bekleed een bakplaat met bakpapier.
b) Meng in een mengkom de zachte boter en de kristalsuiker tot een licht en luchtig mengsel.
c) Klop de eierdooiers en het vanille-extract erdoor tot alles goed gemengd is.
d) Voeg geleidelijk de bloem en het zout toe aan het botermengsel en meng tot alles net gemengd is.
e) Rol porties deeg ter grootte van een eetlepel tot balletjes en plaats ze op de voorbereide bakplaat.
f) Maak met je duim een inkeping in het midden van elke deegbal.
g) Vul elke inkeping met een theelepel gehakte Snickers-repen.
h) Bak gedurende 12-15 minuten of tot de randen licht goudbruin zijn.
i) Laat de koekjes een paar minuten afkoelen op de bakplaat en leg ze vervolgens op een rooster om volledig af te koelen.

24. Nootachtige frambozenvingerafdrukkoekjes

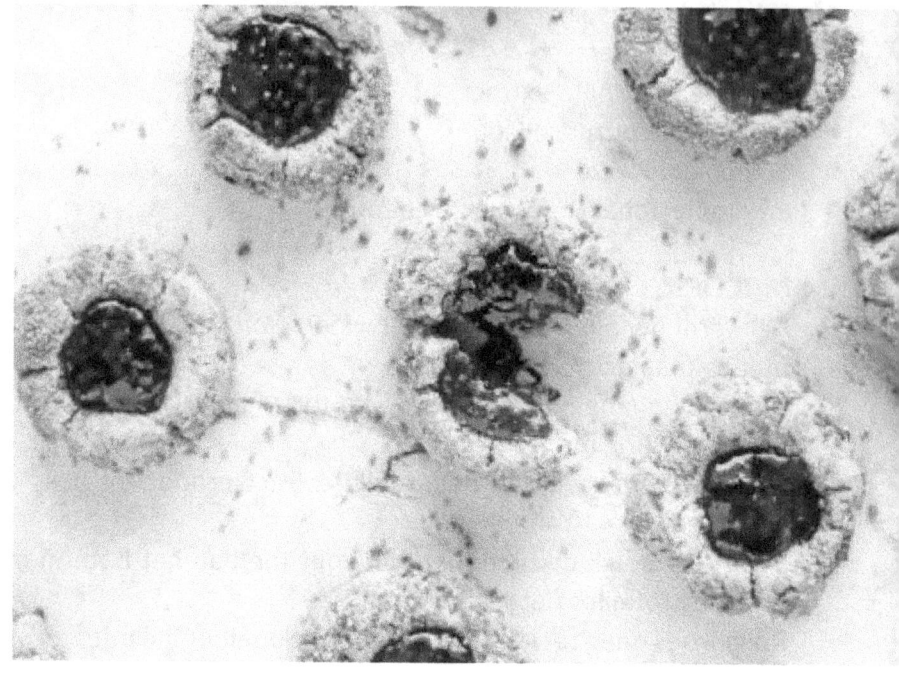

INGREDIËNTEN:
- ⅓ kopje ongezoete appelmoes
- ¼ kopje amandelboter
- ½ kopje droge zoetstof
- 1 eetlepel gemalen lijnzaad
- 2 theelepels puur vanille-extract
- 1¾ kopjes havermeel
- ½ theelepel zuiveringszout
- ½ theelepel zout
- ½ kopje gerolde haver
- ½ kopje fijngehakte walnoten
- ⅓ kopje frambozenjam, of naar smaak

INSTRUCTIES:
a) Verwarm de oven voor op 350 ° F. Bekleed een grote bakplaat met bakpapier of een Silpat-bakmat.
b) Gebruik een sterke vork in een grote mengkom om de appelmoes, amandelboter, droge zoetstof en lijnzaad door elkaar te kloppen. Zodra het relatief glad is, meng je de vanille erdoor.
c) Voeg de bloem, baksoda en zout toe en meng goed. Vouw de haver en walnoten erdoor.
d) Rol ongeveer 2 eetlepels beslag tot een bal en plaats deze op de voorbereide bakplaat. Herhaal met het resterende beslag tot je 18 ballen hebt. Ze passen allemaal op één vel, omdat ze tijdens het bakken nauwelijks uitlopen. Maak je duim (of wijsvinger) vochtig en maak een diepe inkeping in het midden van elk koekje. Doe in elk kuiltje ongeveer een halve theelepel jam.
e) Bak gedurende 10 tot 12 minuten, of tot de onderkant van de koekjes goudbruin is.
f) Haal de koekjes uit de oven en laat ze 5 minuten afkoelen op de bakplaten. Breng ze vervolgens over naar een koelrek om volledig af te koelen.

25.Vingerafdrukkoekjes met Ube Jam

INGREDIËNTEN:
- 1 3/4 kopjes bloem voor alle doeleinden
- 1/2 theelepel bakpoeder
- 1/2 theelepel zout
- 6 ons kokosolie per gewicht
- 2/3 kopje suiker
- 1 ei
- 1 theelepel rum
- 1/2 kopje ongezoete geraspte kokosnoot
- Ube Jam

INSTRUCTIES:

a) Verwarm de oven voor op 350 graden F. Bekleed 2 bakplaten met bakpapier of siliconenmatten.
b) Meng de bloem, het bakpoeder en het zout in een middelgrote kom.
c) Klop in een grote kom de kokosolie en de suiker met een elektrische mixer in ongeveer 5 minuten luchtig. Klop het ei en de rum erdoor tot het net gemengd is. Gebruik een rubberen spatel of houten lepel om de droge ingrediënten langzaam in twee batches op te nemen en meng tot ze gecombineerd zijn.
d) Verdeel het koekjesdeeg in twee afzonderlijke ballen. Rol elke bal in een lange cilindervorm met een diameter van ongeveer 1,5 inch. Wikkel elke cilinder in plasticfolie en zet hem 15 minuten in de koelkast.
e) Doe de geraspte kokosnoot in een ondiepe schaal.
f) Haal het koekjesdeeg uit de koelkast en pak het uit. Snijd met een mes de koekjesdeegcilinders in rondjes van ongeveer 1/2 inch dik. Druk de rondjes in de geraspte kokosnoot, zorg ervoor dat de kokosnoot zoveel mogelijk aan het koekje blijft plakken en plaats de koekjes vervolgens op de bakplaten.
g) Maak met je duim een inkeping van ongeveer 1/2 inch diep in het midden van elk koekje. Plaats een klodder ube-jam, ongeveer 1/2 theelepel, in het midden van elk koekje. Bestrooi de bovenkant van elk koekje indien gewenst met meer geraspte kokosnoot.
h) Bak de koekjes tot de randen goudbruin zijn en de geraspte kokosnoot geroosterd is, ongeveer 15-18 minuten, en draai de bakplaten halverwege het bakken om. Haal uit de oven en laat de koekjes afkoelen op de bakplaten. Dienen.

KOEKJES VAN ZANDKOEKJES

26. Zandkoekkoekjes met amandelen

INGREDIËNTEN:
- 1 kopje bloem, universeel
- ½ kopje maïszetmeel
- ½ kopje suiker, in poedervorm
- 1 kopje Amandelen, fijngehakt
- ¾ kopje boter; verzacht

INSTRUCTIES:
a) Combineer bloem, maizena en poedersuiker; roer de amandelen erdoor. Voeg boter toe; meng met een houten lepel tot er een zacht deeg ontstaat.
b) Vorm het deeg in kleine balletjes. Plaats op een niet-ingevette bakplaat; maak elke bal plat met een licht met bloem bestoven vork. Bak op 300 graden gedurende 20 tot 25 minuten of tot de randen slechts lichtbruin zijn.
c) Koel voordat u het opbergt.

27. Zandkoekkoekjes met bruine suiker

INGREDIËNTEN:
- 1 kopje ongezouten boter; kamertemperatuur
- 1 kop Verpakte lichtbruine suiker
- 2 kopjes All-purpose Flour
- ¼ theelepel zout
- 1 eetlepel suiker
- 1 theelepel Gemalen kaneel

INSTRUCTIES:
a) Verwarm de oven voor op 325 graden. Beboter een springvorm van 9 inch lichtjes. Klop met een elektrische mixer 1 kopje boter in een grotere kom tot het licht en luchtig is.
b) Voeg bruine suiker toe en klop goed. Meng met een rubberen spatel de bloem en het zout erdoor (niet te lang mengen). Druk het deeg in de voorbereide pan. Combineer suiker en kaneel in een kleine kom. Strooi kaneelsuiker over het deeg. Snijd het deeg in 12 partjes, gebruik de liniaal als leidraad en snijd het deeg door. Prik elke wig meerdere keren met een tandenstoker.
c) Bak tot de zandkoekjes bruin zijn, stevig aan de randen en enigszins zacht in het midden, ongeveer 1 uur. Laat de zandkoekjes volledig afkoelen in de pan op het rooster. Verwijder de zijkanten van de pan.

28. In chocolade gedoopte macadamia-zandkoekkoekjes

INGREDIËNTEN:
- 1 kopje boter
- ¾ kopje Poedersuiker
- 1 theelepel vanille
- 2 kopjes Gezeefde bloem
- ¾ kopje Gehakte macadamianoten
- 1 kop Melkchocoladestukjes of -
- 1 kopje halfzoete chocoladestukjes
- 1½ theelepel plantaardig bakvet

INSTRUCTIES:
a) Klop de boter, suiker en vanille in een grote mengkom tot het licht en luchtig is. Roer geleidelijk de bloem erdoor tot het goed gemengd is. Roer de macadamianoten erdoor.
b) Leg het deeg op vetvrij papier en vorm het tot een rol met een diameter van vijf centimeter.
c) Wikkel het in papier en folie en laat het minimaal twee uur of een hele nacht in de koelkast staan.
d) Verwarm de oven voor op 300 graden. Snijd de rol in plakjes van ca. ¼ tot ½ inch dik. Bak op een niet-ingevette bakplaat gedurende 20 minuten of tot de koekjes bruin beginnen te worden. Haal uit de oven; afkoelen op een rooster.
e) Smelt ondertussen de chocoladestukjes in een kleine kom (magnetron werkt goed) en roer het bakvet erdoor. Goed mengen. Doop het ene uiteinde van elk koekje in het chocolademengsel en plaats het op vetvrij papier.
f) Zet de koekjes in de koelkast tot de chocolade hard wordt. Op een koele plaats bewaren.

29. Fruitige zandkoekkoekjes

INGREDIËNTEN:
- 2½ kopje bloem
- 1 theelepel wijnsteencrème
- 1½ kopje banketbakkerssuiker
- 1 9 oz. doos Geen dergelijk gehakt
- 1 theelepel vanille
- 1 theelepel zuiveringszout
- 1 kopje boter, verzacht
- 1 ei

INSTRUCTIES:
a) Verwarm de oven voor op 375F. 2. Combineer bloem, frisdrank en wijnsteencrème.
b) Klop in een grote kom de boter en de suiker luchtig. Voeg ei toe.
c) Roer de vanille en het verkruimelde gehakt erdoor.
d) Voeg droge ingrediënten toe. Meng goed, het beslag zal stijf zijn.
e) Rol balletjes van 1¼ ". Plaats ze op een niet-ingevette bakplaat en druk ze iets plat.
f) Bak 10-12 minuten of tot ze lichtbruin zijn.
g) Bedek met een glazuur van banketbakkerssuiker, melk en vanille terwijl het nog warm is.

30.Zandkoekkoekjes met lavendel

INGREDIËNTEN:
- ½ kopje ongezouten boter op kamertemperatuur
- ½ kopje banketbakkerssuiker, ongezeefd
- 2 theelepels Gedroogde lavendelbloesems
- 1 theelepel gemalen gedroogde groene muntblaadjes
- ⅛ theelepel kaneel
- 1 kopje ongezeefde bloem

INSTRUCTIES:
a) Verwarm de oven voor op 325 F. Bereid een vierkante bakvorm van 20 cm voor door deze te bekleden met aluminiumfolie en de folie lichtjes te bedekken met een plantaardige oliespray.
b) Klop de boter luchtig en luchtig. Roer de suiker, lavendel, groene munt en kaneel erdoor. Werk de bloem erdoor en mix tot het mengsel kruimelig is. Schraap het in de voorbereide pan en spreid het uit tot het waterpas is, druk lichtjes aan om het gelijkmatig te verdichten.
c) Bak 25 tot 30 minuten, of tot de randen licht goudbruin zijn.
d) Til zowel de folie als het zandkoekje voorzichtig uit de pan op een snijoppervlak. Snijd de repen met een gekarteld mes.
e) Breng het over naar een rooster om volledig af te koelen. Bewaar in een goed afgesloten blik.

31. Zandkoekkoekjes van mokka

INGREDIËNTEN:
- 1 theelepel Nescafé Classic oploskoffie
- 1 theelepel kokend water
- 1 pakje (12 oz) Nestle Toll House halfzoete chocoladestukjes; verdeeld
- ¾ kopje boter; verzacht
- 1¼ kopje gezeefde banketbakkerssuiker
- 1 kopje bloem voor alle doeleinden
- ⅓ theelepel zout

INSTRUCTIES:
a) Verwarm de oven voor op 250 graden. Los Nescafé Classic oploskoffie in een kopje op in kokend water; opzij zetten. Smelt boven heet (niet kokend) water, 1 kopje Nestle Toll House halfzoete chocoladestukjes; roer tot een gladde massa.

b) Haal van het vuur; opzij zetten. Meng in een grote kom boter, banketbakkerssuiker en koffie; slaan tot dat het glad is. Meng geleidelijk de bloem en het zout erdoor.

c) Roer de gesmolten stukjes erdoor. Rol het deeg tussen twee stukken vetvrij papier tot een dikte van 3/16 inch. Verwijder het bovenste vel; Knip koekjes uit met een koekjesvormer van 2,5 cm. Haal het van vetvrij papier en plaats het op niet-ingevette bakplaten. Bak gedurende 25 minuten op 250 graden. Laat volledig afkoelen op roosters.

d) Smelt boven heet (niet kokend) water en laat 1 kopje Nestle Toll House halfzoete chocoladestukjes achter; roer tot een gladde massa. Verdeel een licht afgerond theelepeltje gesmolten chocolade op de platte kant van het koekje; top met tweede koekje. Herhaal met de resterende koekjes.

e) Chill tot het is gezet. Laat 15 minuten op kamertemperatuur staan voordat u het serveert.

32.Zandkoekkoekjes met pinda's

INGREDIËNTEN:
- 250 milliliter Boter; Ongezouten, verzacht
- 60 milliliter Romige Pindakaas
- 1 groot wit ei; Gescheiden
- 5 milliliter Vanille-extract
- 325 milliliter bloem voor alle doeleinden
- 250 milliliter ouderwetse havermout
- 60 milliliter Tarwekiemen
- 250 milliliter gezouten, drooggeroosterde pinda's; fijn gesneden
- 250 milliliter lichtbruine suiker; stevig verpakt

INSTRUCTIES:
a) In een mengkom met een elektrische mixer de boter, pindakaas en suiker door elkaar kloppen en vervolgens de eierdooier en het vanille-extract erdoor kloppen.
b) Voeg bloem, haver en tarwekiemen toe en klop het mengsel tot het net gemengd is. Verdeel het beslag gelijkmatig in een beboterde jelly roll-pan, 15 -½ x 10-½ x 1 inch (40 x 27 x 2½ cm), strijk de bovenkant glad, verdeel het eiwit, licht geslagen, over het beslag en strooi de pinda's er gelijkmatig overheen .
c) Bak het mengsel in het midden van een voorverwarmde oven van 150 graden Celsius gedurende 25 tot 30 minuten, of tot de bovenkant goudbruin is.
d) Breng de pan over naar een rooster om af te koelen. Terwijl het mengsel nog HEET is, snijd je het in kleine, gelijkmatige vierkanten en laat je de koekjes volledig afkoelen in de pan.

33. Gekruide zandkoekkoekjes

INGREDIËNTEN:
- 1 kopje margarine, verzacht
- ⅔ kopje Gezeefde poedersuiker
- ½ theelepel Gemalen nootmuskaat
- ½ theelepel Gemalen kaneel
- ½ theelepel Gemalen gember
- 2 kopjes All-purpose Flour

INSTRUCTIES:

a) Roomboter; Voeg geleidelijk suiker toe en klop op gemiddelde snelheid van een elektrische mixer tot het licht en luchtig is. Voeg kruiden toe en klop goed.

b) Roer de bloem erdoor. Het deeg zal stijf zijn. Vorm balletjes van het deeg van 1 1 $ inch en plaats ze met een tussenruimte van 5 cm op licht ingevette bakplaten. Druk de koekjes lichtjes aan met een met bloem bestoven koekjesstempel of vork, zodat ze plat worden tot een dikte van ¼ inch. Bak op 325 gedurende 15 tot 18 minuten of tot het klaar is. Laat afkoelen op roosters.

34. Zandkoekkoekjes met pecannoten

INGREDIËNTEN:
- ¾ pond boter
- 1 kopje banketbakkerssuiker
- 3 kopjes bloem, gezeefd
- ½ theelepel zout
- ½ theelepel Vanille
- ¼ kopje suiker
- ¾ kopje pecannoten, fijngehakt

INSTRUCTIES:
a) Klop boter en banketbakkerssuiker tot een licht mengsel.
b) Zeef de bloem en het zout samen en voeg toe aan het romige mengsel. Voeg vanille toe en meng grondig. Voeg pecannoten toe.
c) Verzamel het deeg tot een bal, wikkel het in vetvrij papier en laat het afkoelen tot het stevig is.
d) Rol het gekoelde deeg uit tot een dikte van ½ ". Steek er koekjes uit met een koekjesvormer. Bestrooi de bovenkant met kristalsuiker. Plaats de uitgesneden koekjes op een niet-ingevette bakplaat en zet ze 45 minuten in de koelkast voordat u ze gaat bakken.
e) Verwarm de oven voor op 325F.
f) Bak gedurende 20 minuten of tot het net licht begint te kleuren; koekjes mogen helemaal niet bruin worden. Koel op rek.

35. Zandkoekkoekjes met hazelnoot uit Oregon

INGREDIËNTEN:
- 1 kopje geroosterde Oregon-hazelnoten
- ¾ kopje boter; gekoeld
- ¾ kopje suiker
- 1½ kopje ongebleekte bloem

INSTRUCTIES:

a) Maal de geroosterde hazelnoten in een keukenmachine tot een grove maling. Voeg boter en suiker toe en meng grondig. Doe het noten-, boter- en suikermengsel in de mengkom en voeg bloem toe (½ kopje per keer) en meng elke toevoeging volledig. Meng het mengsel tot een bal.

b) Maak balletjes van 1½ inch en plaats deze op een bakplaat met antiaanbaklaag, ongeveer ½ inch uit elkaar.

c) Bak op 350 gedurende 10-12 minuten. Zet de rest van het deeg in de koelkast tot het klaar is om te bakken.

SNICKERDOODLE

36. Snickerdoodles van maïsmeel

INGREDIËNTEN:
- 1 kopje ongezouten boter op kamer
- Temperatuur
- ⅓ kopje Honing
- ⅓ kopje suiker
- 2 grote eieren op kamertemperatuur
- Fijn geraspte schil van 1
- Citroen
- ½ theelepel Vanille
- 1½ kopje bloem
- 1 kopje gele maïsmeel
- 1 theelepel bakpoeder
- ½ theelepel zout
- Suiker om koekjes in te rollen

INSTRUCTIES:
a) Klop boter, honing en suiker door elkaar. Klop de eieren erdoor en roer de citroenschil en vanille erdoor. Meng in een aparte kom bloem, maïsmeel, bakpoeder en zout.
b) Roer de droge ingrediënten in 2 fasen door het afgeroomde mengsel tot ze gelijkmatig gemengd zijn. Dek het deeg af en laat het 3 uur in de koelkast staan.
c) Mag een nacht in de koelkast bewaard worden. Verwarm de oven voor op 375 en vet de bakplaten in. Vorm het deeg in balletjes van 1¼ inch. Rol de balletjes door de suiker en leg ze op vellen met een tussenruimte van ongeveer 5 cm.
d) Bak gedurende 15 minuten totdat de bovenkant enigszins bestand is tegen zachte vingerdruk.
e) Koel op een rooster.

37. Snickerdoodles met laag vetgehalte

INGREDIËNTEN:
- 1½ kopje suiker
- ½ kopje margarine
- 1 theelepel vanille
- ½ kopje eiervervanger
- 2¾ kopje bloem
- 1 theelepel wijnsteencrème
- ½ theelepel zuiveringszout
- ¼ theelepel zout
- 2 eetlepels suiker
- 2 theelepels Kaneel

INSTRUCTIES:

a) Klop 1½ kopje suiker en margarine tot het licht is. Klop de vanille en eiervervanger erdoor. Roer de bloem, wijnsteenwijn, frisdrank en zout erdoor. Laat het deeg ongeveer 1 - 2 uur afkoelen.

b) Combineer 2 eetlepels suiker en kaneel. Vorm het deeg in balletjes van 48 - 1 inch. Rol het suiker/kaneelmengsel erdoor.

c) Plaats balletjes op bakplaten die zijn besproeid met Pam.

d) Bak op 400 gedurende 8 tot 10 minuten. Koel op roosters.

38.Volkoren snickerdoodles

INGREDIËNTEN:
- 1½ kopje suiker
- 1 kopje boter, verzacht
- 1 Ei plus
- 1 Eiwit
- 1½ kopje Volkorenmeel
- 1¼ kopje bloem voor alle doeleinden
- 1 theelepel zuiveringszout
- ¼ theelepel zout
- 2 eetlepels suiker
- 2 theelepels Gemalen kaneel

INSTRUCTIES:

a) Klop de suiker en de boter in een mengkom tot een luchtig mengsel. Voeg ei en eiwit toe; goed verslaan. Combineer de droge ingrediënten; voeg toe aan het afgeroomde mengsel en klop goed. Meng de ingrediënten voor de topping in een kleine kom .

b) Vorm het deeg tot balletjes ter grootte van een walnoot; door de kaneelsuiker rollen.

c) Plaats er 2 uit elkaar op niet-ingevette bakplaten. Bak op 400 gedurende 8-10 minuten.

d) Koekjes zwellen goed op en worden plat tijdens het bakken.

39. Advocaat snickerdoodles

INGREDIËNTEN:
- 2¾ kop Bloem voor alle doeleinden
- 2 theelepels Wijnsteencrème
- 1½ kopje suiker
- 1 theelepel zuiveringszout
- 1 kopje Boterzacht
- ¼ theelepel zout
- 2 eieren
- ½ theelepel cognac-extract
- ½ theelepel Rum-extract

SUIKERMENGSEL
- ¼ kopje suiker of gekleurde suiker
- 1 theelepel Nootmuskaat

INSTRUCTIES:

a) Verwarm de oven voor: 400 in 3 qt. mengkom combineer alle koekjesingrediënten.

b) Klop op lage snelheid, waarbij u regelmatig de zijkanten van de kom schraapt, tot het goed gemengd is (2 tot 4 min.).

c) Combineer het suikermengsel in een kleine kom; roer om te mengen. Vorm een afgerond theelepel deeg in balletjes van 1 "; rol het suikermengsel erdoor.

d) Plaats 2 "uit elkaar op niet-ingevette bakplaten. Bak in het midden van de oven van 400 gedurende 8 tot 10 minuten of tot de randen lichtbruin zijn.

40.Chocolade snickerdoodles

INGREDIËNTEN:
- 2¼ kopje suiker
- 2 theelepels Pompoentaartkruiden
- ½ kopje cacaopoeder
- 1 kopje boter, verzacht
- 2 eieren
- 2 theelepels Vanille-extract
- 2¼ kopje bloem
- 1½ theelepel bakpoeder

INSTRUCTIES:

a) Roer in een grote mengkom suiker en kruiden door elkaar; zet ½ kopje van het mengsel opzij in een ondiepe kom.

b) Voeg cacaopoeder toe aan de mengkom; roer om te mengen. Voeg boter toe; klop op gemiddelde snelheid tot het luchtig is.

c) Meng eieren en vanille erdoor. Roer de bloem en het bakpoeder erdoor.

d) Vorm het deeg tot een bal en rol het door het gereserveerde suikermengsel.

e) Herhaal de procedure met het resterende deeg en plaats het met een tussenruimte van 5 cm op ingevette bakplaten.

f) Bak in een oven van 350 graden gedurende 12-15 minuten of tot de randen stevig zijn. Afkoelen op een rooster.

PEPERKOEK KOEKJES

41. Peperkoekjongens

INGREDIËNTEN:
- 1 kopje boter, verzacht
- 1 1/2 kopjes witte suiker
- 1 ei
- 11/2 eetlepels sinaasappelschil
- 2 eetlepels donkere glucosestroop
- 3 kopjes bloem voor alle doeleinden
- 2 theelepels zuiveringszout
- 2 theelepels gemalen kaneel
- 1 theelepel gemalen gember
- 1/2 theelepel gemalen kruidnagel
- 1/2 theelepel zout

INSTRUCTIES:
a) Klop de boter en de suiker door elkaar. Voeg het ei toe en meng goed. Meng de sinaasappelschil en de donkere glucosestroop erdoor. Voeg de bloem, baksoda, kaneel, gember, gemalen kruidnagel en zout toe en meng tot alles goed gemengd is. Laat het deeg minimaal 2 uur afkoelen.

b) Verwarm de oven voor op 190°C. Koekjesvellen invetten. Rol het deeg op een licht met bloem bestoven oppervlak uit tot een dikte van 1/4 inch. Snijd in de gewenste vormen met behulp van koekjesvormers. Plaats koekjes met een tussenruimte van 1 inch op de voorbereide bakplaten.

c) Bak gedurende 10 tot 12 minuten in de voorverwarmde oven, tot de koekjes stevig zijn en licht geroosterd aan de randen.

42. Peperkoekboterkoekjes

INGREDIËNTEN:
- 1 kopje ongezouten boter, verzacht
- 1 kopje bruine suiker, verpakt
- 1 groot ei
- 1/4 kopje melasse
- 3 kopjes bloem voor alle doeleinden
- 1 theelepel gemalen gember
- 1 theelepel gemalen kaneel
- 1/2 theelepel gemalen kruidnagel
- 1/2 theelepel zuiveringszout
- 1/4 theelepel zout

INSTRUCTIES:
a) Meng de zachte boter en bruine suiker in een grote kom tot een licht en luchtig mengsel.
b) Klop het ei en de melasse erdoor tot alles goed gemengd is.
c) Meng in een aparte kom de bloem, gemalen gember, gemalen kaneel, gemalen kruidnagel, bakpoeder en zout.
d) Voeg geleidelijk de droge ingrediënten toe aan de natte ingrediënten en meng tot er een zacht deeg ontstaat.
e) Verdeel het deeg in tweeën, vorm elke helft tot een schijf, wikkel het in plasticfolie en zet het minimaal 1 uur in de koelkast.
f) Verwarm de oven voor op 180°C (350°F) en bekleed de bakplaten met bakpapier.
g) Rol het deeg uit op een met bloem bestoven oppervlak tot een dikte van ongeveer 1/4 inch.
h) Gebruik koekjesvormers om de gewenste vormen uit te snijden en plaats ze op de bakplaten.
i) Bak gedurende 8-10 minuten of tot de koekjes gaar zijn.
j) Laat de koekjes een paar minuten afkoelen op de bakplaat voordat je ze op een rooster legt.

43.Chocolade peperkoekkoekjes

INGREDIËNTEN:
- 2 kopjes All-purpose Flour
- 1/2 kopje cacaopoeder
- 1 theelepel zuiveringszout
- 1/4 theelepel zout
- 1 eetlepel gemalen gember
- 1 eetlepel gemalen kaneel
- 1/2 theelepel gemalen kruidnagel
- 1/2 kopje ongezouten boter, verzacht
- 1/2 kopje bruine suiker, verpakt
- 1/4 kop kristalsuiker
- 1 groot ei
- 1/2 kopje melasse
- 1 theelepel vanille-extract

INSTRUCTIES:
a) Verwarm uw oven voor op 175°C (350°F) en bekleed de bakplaten met bakpapier.
b) Meng in een middelgrote kom de bloem, cacaopoeder, zuiveringszout, zout, gemalen gember, gemalen kaneel en gemalen kruidnagel. Opzij zetten.
c) Meng in een grote mengkom de zachte boter, de bruine suiker en de kristalsuiker tot het licht en luchtig is.
d) Voeg het ei toe aan het boter-suikermengsel en klop goed na elke toevoeging.
e) Roer de melasse en het vanille-extract erdoor tot alles goed gemengd is.
f) Voeg geleidelijk de droge ingrediënten toe aan de natte ingrediënten en meng tot er een zacht deeg ontstaat.
g) Schep porties deeg ter grootte van een eetlepel en rol er balletjes van. Plaats de deegballen op de voorbereide bakplaten en laat er wat ruimte tussen.
h) Maak elke deegbal een beetje plat met de achterkant van een lepel of met je vingers.
i) Bak in de voorverwarmde oven gedurende 10-12 minuten, of tot de randen stevig zijn maar het midden nog zacht is.
j) Laat de koekjes een paar minuten afkoelen op de bakplaten voordat je ze op een rooster legt om volledig af te koelen.
k) Zodra de koekjes volledig zijn afgekoeld, kun je ze eventueel versieren met glazuur of poedersuiker.

44.Bevroren peperkoekkoekjes

INGREDIËNTEN:
VOOR DE KOEKJES:
- 3 kopjes bloem voor alle doeleinden
- 1 theelepel bakpoeder
- 1/2 theelepel zuiveringszout
- 1/4 theelepel zout
- 1 eetlepel gemalen gember
- 1 eetlepel gemalen kaneel
- 1/2 theelepel gemalen kruidnagel
- 1/2 kop ongezouten boter, verzacht
- 1/2 kop bruine suiker, verpakt
- 1/2 kopje melasse
- 1 groot ei
- 1 theelepel vanille-extract

VOOR HET glazuur:
- 2 kopjes poedersuiker
- 1-2 eetlepels melk
- 1/2 theelepel vanille-extract
- Kleurstof voor levensmiddelen (optioneel)

INSTRUCTIES:
VOOR DE KOEKJES:
a) Meng in een middelgrote kom de bloem, bakpoeder, zuiveringszout, zout, gemalen gember, gemalen kaneel en gemalen kruidnagel. Opzij zetten.
b) Meng in een grote mengkom de zachte boter, bruine suiker en melasse tot het licht en luchtig is.
c) Voeg het ei en het vanille-extract toe aan het boter-suikermengsel en klop goed na elke toevoeging.
d) Voeg geleidelijk de droge ingrediënten toe aan de natte ingrediënten en meng tot er een zacht deeg ontstaat.
e) Verdeel het deeg in twee porties, druk ze plat tot een schijf, wikkel ze in plasticfolie en zet ze minimaal 1 uur in de koelkast.
f) Verwarm uw oven voor op 175°C (350°F) en bekleed de bakplaten met bakpapier.
g) Rol het gekoelde deeg uit op een met bloem bestoven oppervlak tot een dikte van ongeveer 1/4 inch. Gebruik peperkoekkoekjes om vormen uit te snijden en plaats ze op de voorbereide bakplaten.
h) Bak in de voorverwarmde oven gedurende 8-10 minuten, of tot de randen stevig zijn. Laat de koekjes een paar minuten afkoelen op de bakplaten voordat je ze op een rooster legt om volledig af te koelen.

VOOR HET glazuur:
i) Klop in een kom de poedersuiker, de melk en het vanille-extract tot je een glad, dik glazuur hebt. Voeg indien nodig meer melk toe om de gewenste consistentie te bereiken.
j) Verdeel indien gewenst het glazuur in aparte kommen en voeg kleurstof toe aan elke kom voor verschillende kleuren.
k) Zodra de koekjes volledig zijn afgekoeld, gebruikt u een spuitzak of een kleine spatel om de koekjes te bevriezen met het bereide glazuur. Laat het glazuur opstijven voordat u het serveert of bewaart.

45. Nootachtige peperkoekkoekjes

INGREDIËNTEN:
- 2 1/2 kopjes bloem voor alle doeleinden
- 1 theelepel zuiveringszout
- 1/4 theelepel zout
- 1 eetlepel gemalen gember
- 1 eetlepel gemalen kaneel
- 1/2 theelepel gemalen kruidnagel
- 1/2 kopje ongezouten boter, verzacht
- 1/2 kopje bruine suiker, verpakt
- 1/4 kop kristalsuiker
- 1/2 kop gehakte noten (zoals walnoten of pecannoten)
- 1 groot ei
- 1/2 kopje melasse
- 1 theelepel vanille-extract

INSTRUCTIES:

a) Verwarm uw oven voor op 175°C (350°F) en bekleed de bakplaten met bakpapier.
b) Meng in een middelgrote kom de bloem, bakpoeder, zout, gemalen gember, gemalen kaneel en gemalen kruidnagel. Opzij zetten.
c) Meng in een grote mengkom de zachte boter, de bruine suiker en de kristalsuiker tot het licht en luchtig is.
d) Voeg het ei toe aan het boter-suikermengsel en klop goed na elke toevoeging.
e) Roer de melasse en het vanille-extract erdoor tot alles goed gemengd is.
f) Voeg geleidelijk de droge ingrediënten toe aan de natte ingrediënten en meng tot er een zacht deeg ontstaat.
g) Vouw de gehakte noten erdoor tot ze gelijkmatig door het deeg zijn verdeeld.
h) Schep porties deeg ter grootte van een eetlepel en rol er balletjes van. Plaats de deegballen op de voorbereide bakplaten en laat er wat ruimte tussen.
i) Maak elke deegbal een beetje plat met de achterkant van een lepel of met je vingers.
j) Bak in de voorverwarmde oven gedurende 10-12 minuten, of tot de randen stevig zijn maar het midden nog zacht is.
k) Laat de koekjes een paar minuten afkoelen op de bakplaten voordat je ze op een rooster legt om volledig af te koelen.
l) Zodra de koekjes volledig zijn afgekoeld, kun je genieten van deze nootachtige peperkoekkoekjes met een heerlijke crunch van de gehakte noten.

46.Citroen-peperkoekkoekjes

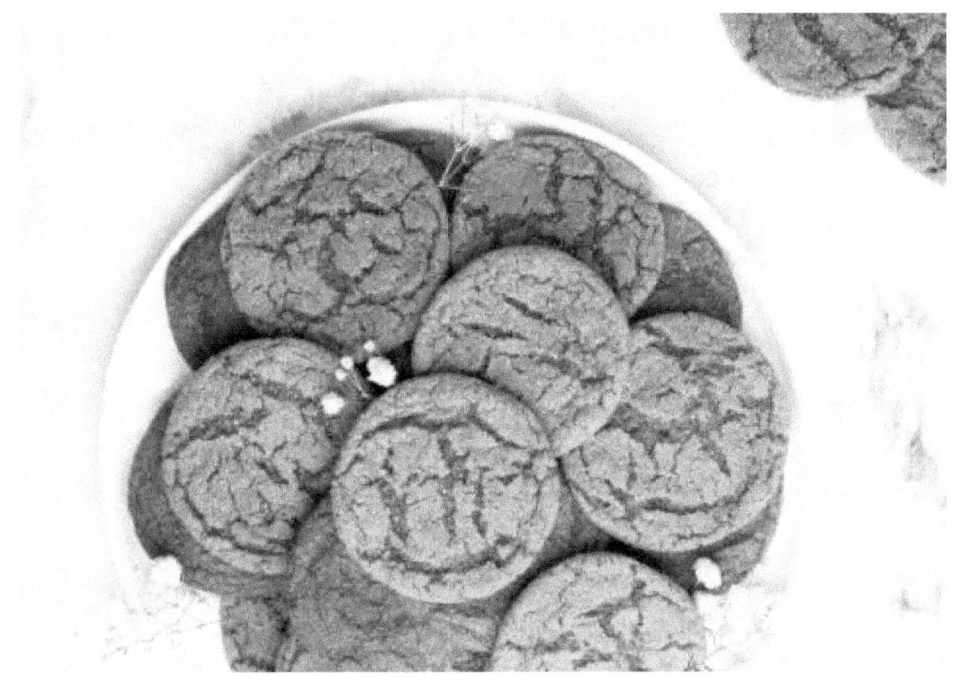

INGREDIËNTEN:
- 3 kopjes bloem voor alle doeleinden
- 1 theelepel zuiveringszout
- 1/4 theelepel zout
- 1 eetlepel gemalen gember
- 1 eetlepel gemalen kaneel
- 1/2 theelepel gemalen kruidnagel
- Schil van 1 citroen
- 1/2 kop ongezouten boter, verzacht
- 1/2 kopje bruine suiker, verpakt
- 1 groot ei
- 1/2 kopje melasse
- 1 theelepel vanille-extract
- 2 eetlepels vers citroensap

INSTRUCTIES:
a) Verwarm uw oven voor op 175°C (350°F) en bekleed de bakplaten met bakpapier.
b) Meng in een middelgrote kom de bloem, bakpoeder, zout, gemalen gember, gemalen kaneel, gemalen kruidnagel en de citroenschil. Opzij zetten.
c) Meng in een grote mengkom de zachte boter, bruine suiker en melasse tot het licht en luchtig is.
d) Voeg het ei toe aan het boter-suikermengsel en klop goed na elke toevoeging.
e) Roer het vanille-extract en het verse citroensap erdoor tot alles goed gemengd is.
f) Voeg geleidelijk de droge ingrediënten toe aan de natte ingrediënten en meng tot er een zacht deeg ontstaat.
g) Schep porties deeg ter grootte van een eetlepel en rol er balletjes van. Plaats de deegballen op de voorbereide bakplaten en laat er wat ruimte tussen.
h) Maak elke deegbal een beetje plat met de achterkant van een lepel of met je vingers.
i) Bak in de voorverwarmde oven gedurende 10-12 minuten, of tot de randen stevig zijn maar het midden nog zacht is.
j) Laat de koekjes een paar minuten afkoelen op de bakplaten voordat je ze op een rooster legt om volledig af te koelen.
k) Zodra de koekjes volledig zijn afgekoeld, kunt u ze eventueel besprenkelen of glaceren met citroenglazuur voor een extra vleugje citrussmaak.

LINZER-KOEKJES

47. Chocolade-hazelnoot Linzer-koekjes

INGREDIËNTEN:
- 1 kop (2 stokjes) ongezouten boter, verzacht
- 1/2 kopje kristalsuiker
- 1 theelepel vanille-extract
- 1 kopje bloem voor alle doeleinden
- 1 kopje gemalen hazelnoten of hazelnootmeel
- 1/4 kopje cacaopoeder
- 1/2 kop chocolade-hazelnootpasta (bijv. Nutella)
- Banketbakkerssuiker om te bestuiven

INSTRUCTIES:
a) Meng in een grote kom de zachte boter en de kristalsuiker tot een licht en luchtig mengsel.
b) Voeg het vanille-extract toe en meng tot alles goed gemengd is.
c) Meng in een aparte kom de bloem, gemalen hazelnoten en cacaopoeder.
d) Voeg geleidelijk de droge ingrediënten toe aan de natte ingrediënten en meng tot alles gemengd is.
e) Verdeel het deeg in tweeën, wikkel elke portie in plasticfolie en zet het minimaal 1 uur in de koelkast.
f) Verwarm uw oven voor op 175°C (350°F) en bekleed de bakplaten met bakpapier.
g) Rol een portie van het deeg uit op een met bloem bestoven oppervlak tot een dikte van ongeveer 1/4 inch.
h) Gebruik een ronde koekjesvormer om koekjes uit te snijden en plaats ze op de voorbereide bakplaten.
i) Gebruik een kleinere ronde uitsteker om het midden van de helft van de koekjes uit te snijden.
j) Bak gedurende 10-12 minuten of tot de randen stevig zijn. Laat de koekjes volledig afkoelen.
k) Smeer een dun laagje chocolade-hazelnootpasta op de stevige koekjes en bedek met de uitgesneden koekjes.
l) Bestrooi de bovenkanten met banketbakkerssuiker voordat u ze serveert.

48. Abrikozen-amandel Linzer-koekjes

INGREDIËNTEN:
- 1 kop (2 stokjes) ongezouten boter, verzacht
- 1/2 kopje kristalsuiker
- 1 theelepel amandelextract
- 2 kopjes All-purpose Flour
- 1 kopje gemalen amandelen of amandelmeel
- 1/2 kopje abrikozenconserven
- Gesneden amandelen ter decoratie
- Banketbakkerssuiker om te bestuiven

INSTRUCTIES:
a) Meng in een grote kom de zachte boter en de kristalsuiker tot een licht en luchtig mengsel.
b) Voeg het amandelextract toe en meng tot alles goed gemengd is.
c) Meng in een aparte kom de bloem en de gemalen amandelen.
d) Voeg geleidelijk de droge ingrediënten toe aan de natte ingrediënten en meng tot alles gemengd is.
e) Verdeel het deeg in tweeën, wikkel elke portie in plasticfolie en zet het minimaal 1 uur in de koelkast.
f) Verwarm uw oven voor op 175°C (350°F) en bekleed de bakplaten met bakpapier.
g) Rol een portie van het deeg uit op een met bloem bestoven oppervlak tot een dikte van ongeveer 1/4 inch.
h) Gebruik een ronde koekjesvormer om koekjes uit te snijden en plaats ze op de voorbereide bakplaten.
i) Gebruik een kleinere ronde uitsteker om het midden van de helft van de koekjes uit te snijden.
j) Bak gedurende 10-12 minuten of tot de randen licht goudbruin zijn. Laat de koekjes volledig afkoelen.
k) Smeer een dunne laag abrikozenconfituur op de stevige koekjes en bedek met de uitgesneden koekjes.
l) Versier met gesneden amandelen en bestuif de bovenkanten met banketbakkerssuiker voordat u ze serveert.

49. Citroen-bosbessen Linzer-koekjes

INGREDIËNTEN:
- 1 kop (2 stokjes) ongezouten boter, verzacht
- 1/2 kopje kristalsuiker
- Schil van 1 citroen
- 2 kopjes All-purpose Flour
- 1 kopje gemalen amandelen of amandelmeel
- 1/2 theelepel amandelextract
- 1/2 kop bosbessenjam
- Banketbakkerssuiker om te bestuiven

INSTRUCTIES:
a) Meng in een grote kom de zachte boter, de kristalsuiker en de citroenschil tot het mengsel licht en luchtig is.
b) Voeg het amandelextract toe en meng tot alles goed gemengd is.
c) Meng in een aparte kom de bloem en de gemalen amandelen.
d) Voeg geleidelijk de droge ingrediënten toe aan de natte ingrediënten en meng tot alles gemengd is.
e) Verdeel het deeg in tweeën, wikkel elke portie in plasticfolie en zet het minimaal 1 uur in de koelkast.
f) Verwarm uw oven voor op 175°C (350°F) en bekleed de bakplaten met bakpapier.
g) Rol een portie van het deeg uit op een met bloem bestoven oppervlak tot een dikte van ongeveer 1/4 inch.
h) Gebruik een ronde koekjesvormer om koekjes uit te snijden en plaats ze op de voorbereide bakplaten.
i) Gebruik een kleinere ronde uitsteker om het midden van de helft van de koekjes uit te snijden.
j) Bak gedurende 10-12 minuten of tot de randen licht goudbruin zijn. Laat de koekjes volledig afkoelen.
k) Smeer een dun laagje bosbessenjam op de stevige koekjes en bedek met de uitgesneden koekjes.
l) Bestrooi de bovenkanten met banketbakkerssuiker voordat u ze serveert.

50. Chocolade-sinaasappel Linzer-koekjes

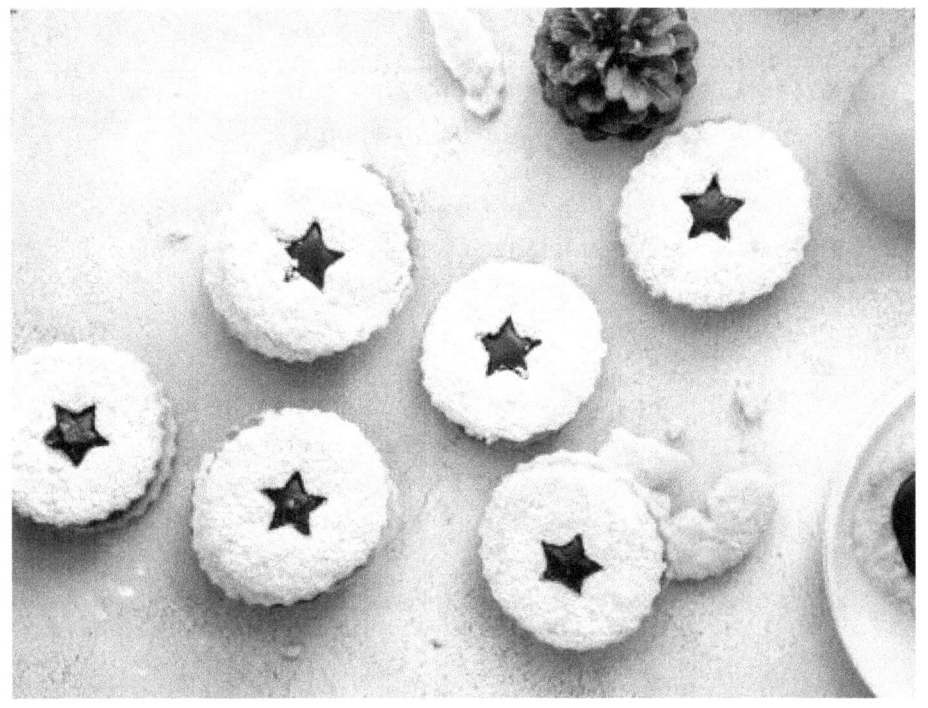

INGREDIËNTEN:
- 1 kop (2 stokjes) ongezouten boter, verzacht
- 1/2 kopje kristalsuiker
- Schil van 1 sinaasappel
- 2 kopjes All-purpose Flour
- 1 kopje gemalen amandelen of amandelmeel
- 1/4 kopje cacaopoeder
- 1/2 theelepel amandelextract
- Sinaasappelmarmelade voor vulling
- Banketbakkerssuiker om te bestuiven

INSTRUCTIES:
a) Meng in een grote kom de zachte boter, de kristalsuiker en de sinaasappelschil tot het mengsel licht en luchtig is.
b) Voeg het amandelextract toe en meng tot alles goed gemengd is.
c) Meng in een aparte kom de bloem, gemalen amandelen en cacaopoeder.
d) Voeg geleidelijk de droge ingrediënten toe aan de natte ingrediënten en meng tot alles gemengd is.
e) Verdeel het deeg in tweeën, wikkel elke portie in plasticfolie en zet het minimaal 1 uur in de koelkast.
f) Verwarm uw oven voor op 175°C (350°F) en bekleed de bakplaten met bakpapier.
g) Rol een portie van het deeg uit op een met bloem bestoven oppervlak tot een dikte van ongeveer 1/4 inch.
h) Gebruik een ronde koekjesvormer om koekjes uit te snijden en plaats ze op de voorbereide bakplaten.
i) Gebruik een kleinere ronde uitsteker om het midden van de helft van de koekjes uit te snijden.
j) Bak gedurende 10-12 minuten of tot de randen stevig zijn. Laat de koekjes volledig afkoelen.
k) Smeer een dun laagje sinaasappelmarmelade op de stevige koekjes en bedek met de uitgesneden koekjes.
l) Bestrooi de bovenkanten met banketbakkerssuiker voordat u ze serveert.

51.Pecan-esdoorn Linzer-koekjes

INGREDIËNTEN:
- 1 kop (2 stokjes) ongezouten boter, verzacht
- 1/2 kopje kristalsuiker
- 1 kopje fijngehakte pecannoten
- 2 kopjes All-purpose Flour
- 1/2 theelepel kaneel
- 1/2 kopje ahornsiroop
- Frambozenjam om te vullen
- Banketbakkerssuiker om te bestuiven

INSTRUCTIES:
a) Meng in een grote kom de zachte boter, kristalsuiker en gehakte pecannoten tot het licht en luchtig is.
b) Meng in een aparte kom de bloem en de kaneel.
c) Voeg geleidelijk de droge ingrediënten toe aan de natte ingrediënten en meng tot alles gemengd is.
d) Roer de ahornsiroop erdoor tot het deeg samenkomt.
e) Verdeel het deeg in tweeën, wikkel elke portie in plasticfolie en zet het minimaal 1 uur in de koelkast.
f) Verwarm uw oven voor op 175°C (350°F) en bekleed de bakplaten met bakpapier.
g) Rol een portie van het deeg uit op een met bloem bestoven oppervlak tot een dikte van ongeveer 1/4 inch.
h) Gebruik een ronde koekjesvormer om koekjes uit te snijden en plaats ze op de voorbereide bakplaten.
i) Gebruik een kleinere ronde uitsteker om het midden van de helft van de koekjes uit te snijden.
j) Bak gedurende 10-12 minuten of tot de randen licht goudbruin zijn. Laat de koekjes volledig afkoelen.
k) Smeer een dun laagje frambozenjam op de stevige koekjes en bedek met de uitgesneden koekjes.
l) Bestrooi de bovenkanten met banketbakkerssuiker voordat u ze serveert.

52.Frambozen Linzer Boterkoekjes

INGREDIËNTEN:
- 1 kopje ongezouten boter, verzacht
- 1/2 kopje kristalsuiker
- 2 grote eidooiers
- 1 theelepel vanille-extract
- 2 1/4 kopjes bloem voor alle doeleinden
- 1/2 kop gemalen amandelen
- 1/4 theelepel kaneel
- Frambozenjam

INSTRUCTIES:
a) Verwarm de oven voor op 180°C (350°F) en bekleed de bakplaten met bakpapier.
b) Meng de zachte boter en suiker in een grote kom tot een licht en luchtig mengsel.
c) Klop de eierdooiers en het vanille-extract erdoor tot alles goed gemengd is.
d) Meng in een aparte kom de bloem, gemalen amandelen en kaneel.
e) Voeg geleidelijk de droge ingrediënten toe aan de natte ingrediënten en meng tot er een zacht deeg ontstaat.
f) Verdeel het deeg in tweeën en vorm elke helft tot een schijf. Verpak in plasticfolie en zet minimaal 1 uur in de koelkast.
g) Verwarm de oven voor op 180°C (350°F) en bekleed de bakplaten met bakpapier.
h) Rol één schijf deeg uit op een met bloem bestoven oppervlak tot een dikte van ongeveer 1/4 inch.
i) Gebruik koekjesvormers om vormen uit te snijden en zorg ervoor dat je een klein venster in de helft van de koekjes snijdt.
j) Plaats de koekjes op de bakplaten en bak 10-12 minuten of tot de randen licht goudbruin zijn.
k) Laat de koekjes een paar minuten afkoelen op de bakplaat voordat je ze op een rooster legt.
l) Verdeel frambozenjam over de hele koekjes en plaats de vensterkoekjes erop.

53.Yuzu Linzer-koekjes

INGREDIËNTEN:
LINZER-KOEKJES
- 2 ½ kopjes 300 g bloem voor alle doeleinden
- 1 kopje 100 g amandelmeel, geblancheerd en superfijn
- ½ theelepel 4 g zout
- ½ theelepel 1 g gemalen kaneel
- 1 kopje 226 g boter, kamertemperatuur
- 1 kop 120 g poedersuiker, gezeefd
- 2 grote eidooiers
- 2 theelepel vanille-extract of 1 theelepel vanille-extract + 1 heel vanillestokje
- 1 theelepel citroenschil
- Optioneel poedersuiker voor de topping

YUZU WOL
- 3 grote eieren
- ½ kopje 110 g kristalsuiker
- 4 ½ eetlepel 75 g yuzu-sap
- 1 eetlepel 15 g citroensap
- 2 theelepels 7 g citroenschil
- ⅛ theelepel zeezout
- ⅓ kopje 75 g ongezouten boter, in blokjes op kamertemperatuur

INSTRUCTIES:
KOEKJES VAN ZANDKOEKJES

a) Combineer de droge ingrediënten. Klop in een middelgrote mengkom het bloem voor alle doeleinden, het amandelmeel, het zout en de kaneel tot een gelijkmatig mengsel.

b) Combineer de natte ingrediënten. Klop in een grote mengkom van uw keukenmixer de boter op kamertemperatuur op gemiddelde snelheid gedurende ongeveer 1-2 minuten luchtig en romig. Schraap de zijkanten van de kom af met een rubberen spatel en voeg suiker toe en klop tot een luchtig geheel. Voeg vervolgens de eierdooiers, vanille en citroenschil toe tot alles gemengd is.

c) Voeg de droge ingrediënten toe aan de natte ingrediënten. Voeg de droge ingrediënten toe aan het botermengsel en klop op laag vuur gedurende 1 minuut of tot alles gemengd is. Schraap de zijkanten van de kom naar beneden en blijf mixen tot alles goed gemengd is.

d) Laat het deeg afkoelen. Verdeel het deeg in tweeën en vorm het in schijven van 1 inch dik. Wikkel het stevig in plasticfolie en zet het minimaal 1 uur in de koelkast tot het gekoeld is. Het deeg kan maximaal 2 dagen meegaan.

e) Bereid de oven en bakplaten voor. Verwarm de oven voor op 350 ° F.

f) Bekleed 2 bakplaten met bakpapier of een silpat. Opzij zetten.

g) Rol en snijd het deeg. Rol op een met bloem bestoven oppervlak deegschijven uit tot een dikte van ¼ inch. Knip koekjes uit met de gewenste vormen en plaats ze op de voorbereide bakplaten met ongeveer 2,5 cm ruimte ertussen. Vergeet niet om de helft vaste vormen te snijden en de helft met uitgesneden "vensters". Herhaal dit totdat al het deeg is gesneden. Laat het deeg nog eens 15 minuten afkoelen als het deeg te zacht is.

h) Bakken. Bak de koekjes vel voor vel gedurende ongeveer 10-12 minuten of tot ze licht goudbruin zijn aan de randen.

Verschillende maten vereisen verschillende hoeveelheden kooktijd, dus houd de laatste minuten goed in de gaten om er zeker van te zijn dat ze niet te gaar worden! Laat de koekjes 5 minuten afkoelen voordat u ze naar een koelrek verplaatst om volledig af te koelen.

YUZU WOL

i) Meng in een middelgrote hittebestendige kom de eieren, suiker, yuzu-sap, citroenschil en zout en klop om te combineren.

j) Plaats de kom in een dubbele boiler. Plaats de kom boven een pan gevuld met water en zorg ervoor dat het water de kom niet raakt. Verwarm de dubbele boiler op middelhoog vuur en klop continu en zachtjes voor een romige textuur en gelijkmatig koken. Je moet minimaal 10-15 minuten continu roeren, of totdat het dikker wordt en een temperatuur van 160 °F bereikt.

k) Voeg de boter toe. Zodra de wrongel is ingedikt, haalt u deze van het vuur en roert u de boter erdoor met een rubberen spatel.

l) Zeef de wrongel. Giet de wrongel met behulp van een fijnmazige zeef door de zeef in een schone kom. Bedek de citroenwrongel met plasticfolie en zorg ervoor dat de plasticfolie de wrongel raakt om te voorkomen dat er een film ontstaat.

m) Vul de afgekoelde koekjes met de yuzu-wrongel door de wrongel op de bodem van het hele koekje uit te smeren en het koekje met het venster eruit te plaatsen. Bestrooi met poedersuiker.

POMPOENKOEKJES

54. Pompoen Koekjes

INGREDIËNTEN:
- 1½ kopjes verse of ingeblikte pompoenpuree
- ½ kopje bakvet
- 1¼ kopje bruine suiker
- 2 eieren
- 1 theelepel vanille
- 1½ kopjes gezeefde bloem
- ½ theelepel zout
- 4 theelepels bakpoeder
- 1 theelepel kaneel
- ½ theelepel nootmuskaat
- 1 kopje rozijnen
- 1 kop gehakte noten

INSTRUCTIES:
a) Meng bloem, bakpoeder, kaneel, nootmuskaat en zout in een middelgrote kom.
b) Klop de suiker en het bakvet in een grote mengkom tot het goed gemengd is.
c) Klop de pompoen, het ei en 1 theelepel vanille-extract erdoor tot een gladde massa.
d) Klop geleidelijk het bloemmengsel erdoor. Meng de rozijnen en noten erdoor.
e) Laat het met een ronde eetlepel vallen, ongeveer 5 cm uit elkaar, op een ingevette bakplaat.
f) Bak in een oven van 375 graden F gedurende ongeveer 15 minuten of tot de randen stevig zijn.
g) Laat 2 minuten afkoelen op bakplaten; verwijder het in roosters om volledig af te koelen.

55. Pompoen en verse gemberkoekjes

INGREDIËNTEN:

- 1¼ kopje Verpakte lichtbruine suiker
- 1 kop Pompoenpuree
- 1 groot ei
- 2 eetlepels Geraspte verse gemberwortel
- 2 eetlepels Zure room
- 1 theelepel vanille
- ½ kopje ongezouten boter verzacht
- 2¼ kopje bloem
- 1 theelepel zuiveringszout
- 1 theelepel bakpoeder
- ½ theelepel zout
- ½ theelepel kaneel
- 1 kop Gehakte walnoten
- 1 kopje krenten of gehakte rozijnen

INSTRUCTIES:

a) Verwarm de oven voor op 350 en vet de bakplaten licht in. Combineer suiker, pompoen, ei, gember, zure room en vanille in een keukenmachine.

b) Verwerk een gladde puree. Voeg de boter toe en laat nog 8 seconden draaien.

c) Meng de baksoda, het bakpoeder, het zout en de kaneel. Roer de droge ingrediënten in 2 fasen door de vloeistof tot ze gemengd zijn.

56. Pompoen-snickerdoodle-koekje

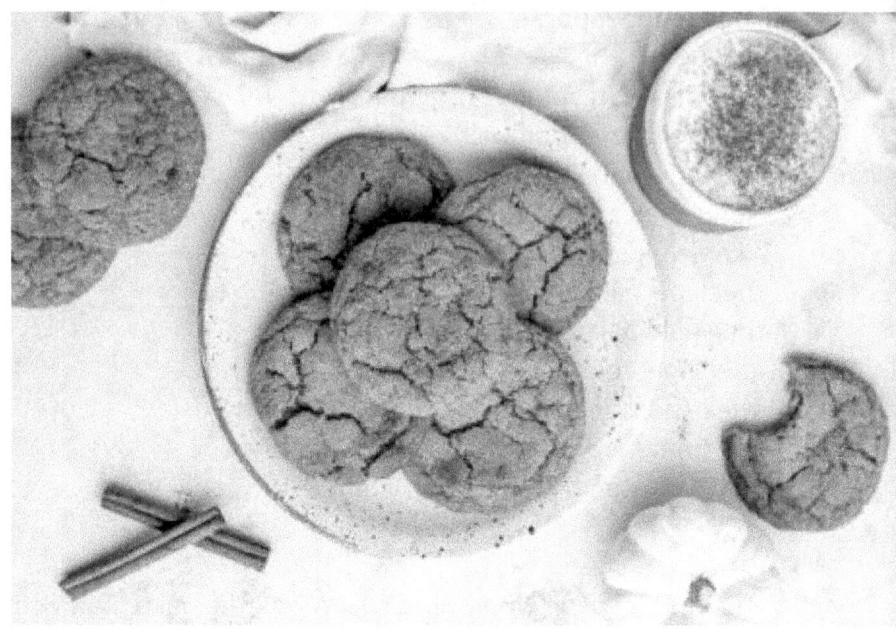

INGREDIËNTEN:
DE KOEKJES
- 1 ½ kopjes amandelmeel
- ¼ kopje boter, gezouten
- ½ kopje Pompoenpuree
- 1 theelepel vanille-extract
- ½ theelepel bakpoeder
- 1 groot ei
- ¼ kopje Erythritol
- 25 druppels Vloeibare Stevia

DE TOPPING
- 1 theelepel Pumpkin Pie Spice
- 2 theelepel Erythritol

INSTRUCTIES:
a) Verwarm de oven voor op 350F. Meet amandelmeel, erythritol en bakpoeder af en meng goed.
b) Ten tweede: meet de boter, pompoenpuree, vanille en vloeibare stevia af in een aparte container.
c) Magnetronmengsel indien nodig voor gemakkelijker mengen. Voeg alle natte ingrediënten toe aan het amandelmeel en erythritol.
d) Meng alles goed tot er deegdeeg ontstaat.
e) Rol het deeg in kleine balletjes en leg ze op een bakplaat bedekt met een Silpat. In totaal zou je ongeveer 15 koekjes moeten hebben.
f) Druk de balletjes plat met je hand en bak ze 12-13 minuten.
g) Terwijl de koekjes bakken, laat je 2 theelepel erythritol en 1 theelepel pompoentaartkruid door een kruidenmolen lopen om de erythritol te verpoederen.
h) Zodra de koekjes uit de oven komen, bestrooi ze met de topping en laat ze volledig afkoelen.

57. Pompoen-chocoladekoekjes

INGREDIËNTEN:
- 18½ ons peperkoekmix
- 15-ounces kan pompoen
- 6-ounces pkg. halfzoete chocoladestukjes

INSTRUCTIES:
a) Combineer ingrediënten en meng goed.
b) Druppel theelepels vol op niet-ingevette bakplaten. Bak gedurende 14 minuten op 375 graden.
c) Afkoelen op een rooster.

58.Pompoentaart specerij scone koekjes

INGREDIËNTEN:
- 1 ¼ kopje Pompoenpuree, gezeefd
- 2 theelepels Kaneel
- 2 theelepels Garam Masala
- 1 eetlepel Kokosolie Kookspray
- 2 grote eieren
- 1 theelepel vanille-extract
- 1 theelepel bakpoeder
- 1 kopje amandelmeel
- ¼ kopje boter
- ¼ kopje Pompoentaartkruid

INSTRUCTIES:

a) Begin met het verzamelen van je winterpompoen en een goede mesoven tot 400F.
b) Snijd de pompoen doormidden. Indien nodig kunt u een gekarteld mes of een scherp koksmes gebruiken.
c) Schraap alle 'ingewanden' van de pompoen eruit, inclusief de zaden. Je kunt de zaden bewaren om ze later te roosteren als tussendoortje, maar over het algemeen gooi ik ze weg.
d) Snijd de pompoen in harmonie met de groeven van de natuurlijke vorm.
e) Leg elk stuk pompoen op een bakplaat, bekleed met bakpapier, en bestrijk het met kokosolie. Breng op smaak met kaneel en garam masala en draai alle plakjes om en herhaal zodat beide kanten gekruid zijn.
f) Bak de pompoen ongeveer 30-35 minuten of tot hij gaar is met een aanraking van een vork.
g) Voeg ongeveer 1 kopje pompoen toe aan een keukenmachine.
h) Verwerk de pompoen tot een dikke pasta ontstaat en meng deze vervolgens in een kom met 2 eieren. Als je pompoenpuree gebruikt, zorg er dan voor dat je het vocht er goed uit knijpt met een kaasdoek.
i) Voeg de rest van de ingrediënten toe (boter, amandelmeel, bakpoeder, vanille, Toranisiroop). Meng goed met een vork, anders wordt het rommelig met je handen (mijn favoriete methode). Houd er rekening mee dat dit super plakkerig zal zijn.
j) Zet de oven op 350F. Gebruik een lepel of een kleine ijsschep voor koekjes met het deeg.
k) Bak de koekjes gedurende 20-25 minuten of totdat de buitenkant hard is geworden en de binnenkant nog zacht is.
l) Serveer door ze in tweeën te snijden en je favoriete vulling ertussen te lepelen of spuiten!

59. Pompoennootkoekjes

INGREDIËNTEN:
- 2 ½ kopjes Carbquik
- 2 theelepels bakpoeder
- 1 eetlepel pompoentaartkruiden
- Snufje zout
- ½ kopje boter, verzacht
- ½ kopje plantaardige glycerine
- Vloeibare Splenda gelijk aan 1 kopje suiker
- 1 kopje ingeblikte pompoen
- 2 eieren
- 1 kop gehakte noten

INSTRUCTIES:
a) Verwarm uw oven voor op 175°C.
b) Roer in een middelgrote kom de Carbquik, bakpoeder, pompoentaartkruiden en een snufje zout door elkaar. Zet dit droge mengsel opzij.
c) Klop in een mengkom de zachte boter ongeveer 30 seconden. Voeg de plantaardige glycerine en de vloeibare Splenda toe en klop tot het mengsel luchtig wordt.
d) Klop vervolgens de ingeblikte pompoen en eieren erdoor tot alles goed gemengd is.
e) Voeg de droge ingrediënten (Carbquik-mengsel) toe aan de natte ingrediënten en klop tot het deeg goed gemengd is.
f) Roer de gehakte noten erdoor.
g) Laat ronde theelepels koekjesdeeg op ingevette bakplaten vallen.
h) Bak in de voorverwarmde oven gedurende ongeveer 12 minuten of tot de koekjes licht goudbruin zijn.
i) Haal de koekjes uit de oven en breng ze over naar roosters om af te koelen.
j) Geniet van je zelfgemaakte Pompoennootkoekjes!

CHOCOLADE KOEKJES

60.Pretzel- en karamelkoekjes

INGREDIËNTEN:
- 1 pakje chocoladetaartmix (normale maat)
- 1/2 kopje boter , gesmolten
- 2 grote eieren, kamertemperatuur
- 1 kopje gebroken miniatuur pretzels, verdeeld
- 1 kop halfzoete chocoladestukjes
- 2 eetlepels gezouten karamel topping

INSTRUCTIES:

a) Verwarm de oven voor op 350 °. Combineer cakemix gesmolten boter en eieren; klop tot het gemengd is. Roer 1/2 kopje pretzels, chocoladestukjes en karamel-topping erdoor.

b) Laat afgeronde eetlepels met een tussenruimte van 5 cm op ingevette bakplaten vallen. Maak het iets plat met de onderkant van een glas; druk de resterende pretzels op de bovenkant van elk. Bak 8-10 minuten of tot het gaar is.

c) Laat 2 minuten afkoelen op pannen. Verwijder het naar roosters om volledig af te koelen.

61. Buckeye-koekje

INGREDIËNTEN:
- 1 pakje chocoladetaartmix (normale maat)
- 2 grote eieren, kamertemperatuur
- 1/2 kopje olijfolie
- 1 kop halfzoete chocoladestukjes
- 1 kopje romige pindakaas
- 1/2 kopje banketbakkerssuiker

INSTRUCTIES:
a) Verwarm de oven voor op 350°.
b) Meng het cakemengsel, de eieren en de olie in een grote kom tot het gemengd is. Chocoladestukjes erdoor roeren. Druk de helft van het deeg in een 10-inch. gietijzeren of andere ovenvaste koekenpan.
c) Combineer pindakaas en banketbakkerssuiker; verspreid over het deeg in de koekenpan.
d) Druk het resterende deeg tussen de vellen perkamentpapier in een 10-inch. cirkel; overvulling plaatsen.
e) Bak tot een tandenstoker die in het midden is gestoken eruit komt met vochtige kruimels, 20-25 minuten.

62. Cakemixkoekjes

INGREDIËNTEN:
- 1 pakje Duitse chocoladetaartmix; inclusief pudding
- 1 kopje Halfzoete chocoladestukjes
- ½ kopje Havermout
- ½ kopje Rozijnen
- ½ kopje Olijfolie
- 2 Eieren; lichtjes geslagen

INSTRUCTIES:
a) Verwarm de oven tot 350 graden.
b) Combineer alle ingrediënten in een grote kom; goed mengen. Laat het deeg met afgeronde theelepels met een tussenruimte van vijf centimeter op niet-ingevette bakplaten vallen.
c) Bak op 350 graden gedurende 8-10 minuten of tot het stevig is. Koel 1 minuut; verwijder van bakplaten.

63.Muesli- en chocoladekoekjes

INGREDIËNTEN:
- chocoladetaartmix van 18,25 ounce
- ¾ kopje Boter , verzacht
- ½ kopje verpakte bruine suiker
- 2 eieren
- 1 kopje muesli
- 1 kopje witte chocoladestukjes
- 1 kopje gedroogde kersen

INSTRUCTIES:
a) Verwarm de oven voor op 375 ° F.
b) Meng in een grote kom het cakemengsel, de boter , de bruine suiker en de eieren en klop tot er een beslag ontstaat.
c) Roer de muesli en witte chocoladestukjes erdoor. Laat theelepels met een tussenruimte van ongeveer 5 cm op niet-ingevette bakplaten vallen.
d) Bak gedurende 10-12 minuten of tot de koekjes licht goudbruin zijn aan de randen.
e) Laat het 3 minuten afkoelen op bakplaten en verwijder het dan op een rooster .

64.Duitse koekjes

INGREDIËNTEN:
- 1 doos van 18,25 ounce Duitse chocoladetaartmix
- 1 kopje halfzoete chocoladestukjes
- 1 kopje havermout
- ½ kopje olijfolie
- 2 eieren, lichtgeklopt
- ½ kopje rozijnen
- 1 theelepel vanille

INSTRUCTIES:
a) Verwarm de oven voor op 350 ° F.
b) Combineer alle ingrediënten. Meng goed met een elektrische mixer op lage snelheid. Als er bloemige kruimels ontstaan, voeg dan een scheutje water toe.
c) Laat het deeg met lepels op een niet-ingevette bakplaat vallen.
d) Bak gedurende 10 minuten.
e) Laat ze volledig afkoelen voordat u de koekjes van het vel haalt en op een serveerschaal legt.

65.Chocolade koekjes

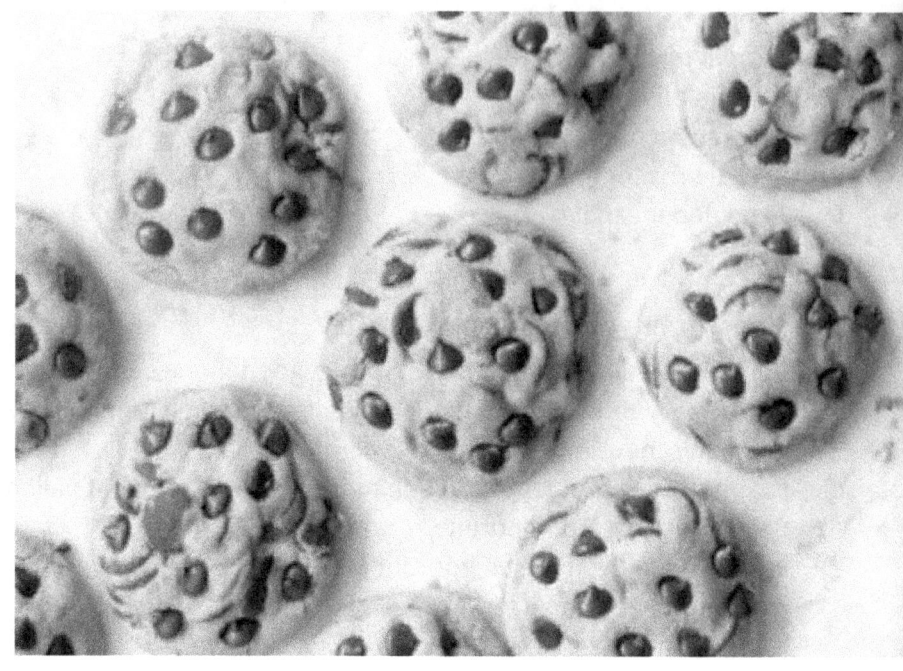

INGREDIËNTEN:
- ½ kopje boter
- ⅓ kopje roomkaas
- 1 ei geklopt
- 1 theelepel vanille-extract
- ⅓ kopje erythritol
- ½ kopje kokosmeel
- ⅓ kopje suikervrije chocoladestukje

INSTRUCTIES:
a) Verwarm de airfryer voor op 350 ° F. Bekleed de mand van de airfryer met bakpapier en plaats de koekjes erin
b) Meng in een kom boter en roomkaas. Voeg erythritol en vanille-extract toe en klop tot een luchtig mengsel. Voeg het ei toe en klop tot het is opgenomen. Meng het kokosmeel en de chocoladestukjes erdoor. Laat het deeg 10 minuten rusten.
c) Schep ongeveer 1 eetlepel deeg uit en vorm de koekjes.
d) Plaats de koekjes in het mandje van de airfryer en bak ze 6 minuten.

66.Sinaasappel-roomkaaskoekjes

INGREDIËNTEN:
- ½ kopje bakvet
- 2 eieren
- 2 eetlepels Geraspte sinaasappelschil
- 2 kopjes Gezeefde bloem
- 12 ons chocoladestukjes
- 1 kopje suiker
- 8 ons roomkaas
- 2 theelepels Vanille
- 1 theelepel zout

INSTRUCTIES:
a) Roomvet, suiker en eieren samen; voeg roomkaas, sinaasappelschil en vanille toe. Voeg geleidelijk bloem toe waaraan zout is toegevoegd; Meng goed.
b) Meng er chocoladestukjes door. Laat het van een theelepel op een niet-ingevette bakplaat vallen.
c) Bak in een oven van 350 graden ongeveer 10 tot 12 minuten.

67.Chewy choco-roomkaaskoekjes

INGREDIËNTEN:
- 8 ons lichte roomkaas
- ½ kopje margarine
- 1 ei
- 1½ kopje suiker
- 300 gram Chocoladestukjes; verdeeld
- 2¼ kopje bloem
- 1½ theelepel zuiveringszout
- ½ kopje Gehakte walnoten

INSTRUCTIES:
a) Klop de roomkaas met boter, ei en suiker licht en luchtig. Smelt 1 kopje chocoladestukjes.
b) Roer door het beslag. Roer de bloem, zuiveringszout en walnoten erdoor, samen met de resterende chocoladestukjes. Laat het van een eetlepel op een niet-ingevette bakplaat vallen.
c) Bak op 350 graden gedurende 10-12 minuten of tot het stevig is rond de randen. Haal het van de bakplaten en laat afkoelen.

68. Goji-bessen-chocoladekoekjes

INGREDIËNTEN:
- Basis koekjesdeeg
- 1 kopje gojibessen
- ½ tot 1 kopje pure chocoladestukjes of cacaonibs

INSTRUCTIES:
a) Meng alle ingrediënten in een grote mengkom.
b) Gebruik een schepje van 2 eetlepels om het deeg rechtstreeks op de zeef van uw 14-inch vierkante Excalibur Dehydrator-trays te verdelen.
c) Dehydrateer bij 104°F gedurende 4 tot 6 uur, of tot de gewenste consistentie.
d) Zal het een week in de koelkast bewaren. In de vriezer enkele weken houdbaar; ontdooi gedurende 10 minuten voordat u gaat eten.

69. Biscoff-chocoladekoekjes

INGREDIËNTEN:
- 1 kopje ongezouten boter, verzacht
- 1 kopje kristalsuiker
- 1 kopje bruine suiker
- 2 grote eieren
- 1 theelepel vanille-extract
- 3 kopjes bloem voor alle doeleinden
- 1 theelepel zuiveringszout
- ½ theelepel zout
- 1 kopje koekjespasta
- 1 ½ kopje chocoladestukjes

INSTRUCTIES:
a) Verwarm de oven voor op 175°C (350°F) en bekleed een bakplaat met bakpapier.
b) Meng in een grote kom de zachte boter, de kristalsuiker en de bruine suiker tot een licht en luchtig mengsel.
c) Klop de eieren één voor één erdoor, gevolgd door het vanille-extract.
d) Meng in een aparte kom de bloem, het bakpoeder en het zout.
e) Voeg geleidelijk de droge ingrediënten toe aan het botermengsel en meng tot alles net gemengd is.
f) Roer de speculoospasta erdoor tot deze volledig is opgenomen.
g) Vouw de chocoladestukjes erdoor.
h) Laat ronde eetlepels deeg op de voorbereide bakplaat vallen, met een onderlinge afstand van ongeveer 5 cm.
i) Bak gedurende 10-12 minuten of tot de randen goudbruin zijn.
j) Haal de koekjes uit de oven en laat ze een paar minuten afkoelen op de bakplaat voordat je ze op een rooster legt om volledig af te koelen.

70.Koekjes uit het Zwarte Woud

INGREDIËNTEN:
- 2 ¼ kopjes Bloem voor alle doeleinden
- ½ kopje Nederlandse cacaopoeder
- ½ theelepel bakpoeder
- ½ theelepel zuiveringszout
- 1 theelepel zout
- 1 kopje ongezouten boter gesmolten en afgekoeld
- ¾ kopje bruine suiker, licht of donker verpakt
- ¾ kopje witte kristalsuiker
- 1 theelepel puur vanille-extract
- 2 Grote eieren op kamertemperatuur
- 1 kop Witte chocoladestukjes
- ½ kopje halfzoete chocoladestukjes
- 1 kop Verse kersen Gewassen, ontpit en in vieren gesneden

INSTRUCTIES:

a) Smelt de boter in de magnetron en laat het 10-15 minuten afkoelen tot het op kamertemperatuur is. Maak de kersen klaar en snijd ze in kleine kwartjes.
b) 1 kopje ongezouten boter, 1 kopje verse kersen
c) Verwarm de oven voor op 350 ° F. Bekleed twee bakplaten met bakpapier. Opzij zetten.
d) Meng de bloem, cacaopoeder, bakpoeder, zuiveringszout en zout in een middelgrote kom. Opzij zetten.
e) 2 ¼ kopjes bloem, ½ kopje ongezoet cacaopoeder, ½ theelepel bakpoeder, ½ theelepel zuiveringszout, 1 theelepel zout
f) Voeg in een grote kom gesmolten boter, bruine suiker, suiker, vanille en eieren toe. Gebruik een rubberen spatel om te mengen tot een gladde massa.
g) 1 kopje ongezouten boter, ¾ kopje bruine suiker, ¾ kopje witte kristalsuiker, 1 theelepel puur vanille-extract, 2 grote eieren
h) Voeg de droge ingrediënten toe en mix tot alles gemengd is. Het wordt een zacht deeg. Voeg de witte chocoladestukjes, chocoladestukjes en verse kersen toe.
i) 1 kopje witte chocoladestukjes, ½ kopje halfzoete chocoladestukjes, 1 kopje verse kersen
j) Gebruik een grote koekjesschep (3oz koekjesschep) om het deeg te scheppen. Plaats 6 koekjesdeegballetjes per bakplaat.
k) Bak één bakplaat per keer. Bak gedurende 13-15 minuten. Terwijl het warm is, garneer met extra chocoladestukjes en witte chocoladestukjes.
l) Laat het koekje 10 minuten in de hete pan liggen. Breng het vervolgens over naar een koelrek om af te koelen.

71. Chocoladetruffelkoekjes

INGREDIËNTEN:
- 8 eetlepels (1 stokje) ongezouten boter
- 8 ons pure chocolade (64% cacao of meer), grof gehakt
- ½ kopje ongebleekte bloem voor alle doeleinden of glutenvrije bloem
- 2 eetlepels Nederlands verwerkt cacaopoeder (99% cacao)
- ¼ theelepel fijn zeezout
- ¼ theelepel zuiveringszout
- 2 grote eieren, op kamertemperatuur
- ½ kopje suiker
- 2 theelepels vanille-extract
- 1 kop pure chocoladestukjes (64% cacao of hoger)

INSTRUCTIES:
a) Smelt de boter en de pure chocolade in een dubbele boiler op laag vuur, af en toe roerend tot ze volledig gesmolten zijn. Volledig afkoelen.
b) Meng de bloem, het cacaopoeder, het zout en het zuiveringszout in een kleine kom. Opzij zetten.
c) Klop met een elektrische mixer de eieren en de suiker in een grote kom op hoge snelheid tot ze licht en luchtig zijn, ongeveer 2 minuten. Voeg de vanille toe, voeg vervolgens de gesmolten chocolade en boter toe en klop 1 tot 2 minuten tot alles gemengd is.
d) Schraap de zijkanten van de kom naar beneden en roer met een grote rubberen spatel de droge ingrediënten erdoor tot ze zijn opgenomen. Vouw de chocoladestukjes erdoor. Dek af met plasticfolie en zet minimaal 4 uur in de koelkast.
e) Plaats een rek in het midden van de oven en verwarm de oven voor op 325 ° F. Bekleed een bakplaat met bakpapier.
f) Maak je handen nat met water en rol het deeg in balletjes van 2 inch, plaats ze ongeveer 5 centimeter uit elkaar op de beklede bakplaat. Werk snel, en als u de koekjes in batches bakt, bewaar het resterende deeg dan tussen de rondes in de koelkast.
g) Bak gedurende 12 tot 13 minuten, totdat de randen iets zijn gestegen en het midden grotendeels is uitgehard. Haal het uit de oven en laat het minimaal 10 minuten afkoelen op de pan, doe het dan op een rooster en laat het volledig afkoelen.

VOOR HET SAMENSTELLEN VAN IJSBROODJES
h) Leg de koekjes op een bakplaat en vries ze 1 uur in. Maak 1 liter ijs zacht tot het schepbaar is. Ik houd het graag simpel en gebruik Sweet Cream Ice Cream , maar je kunt elke smaak gebruiken die je wilt.
i) Haal de koekjes uit de vriezer en schep snel, snel werkend, 2 tot 4 ons ijs op een koekje. Maak het ijs glad door er nog een koekje op te leggen. Herhalen.
j) Als je klaar bent met het samenstellen van alle sandwiches, leg ze dan minimaal 2 uur in de vriezer om uit te harden.

72. Dubbele chocoladesandwiches

INGREDIËNTEN:
- 1 kopje ongebleekte bloem voor alle doeleinden
- 1/2 kop ongezoete bakcacao, gezeefd
- 1/2 theelepel zuiveringszout
- 1/4 theelepel zout
- 1/4 kop zuivelvrije chocoladestukjes, gesmolten
- 1/2 kopje zuivelvrije margarine, verzacht
- 1 kopje verdampte rietsuiker
- 1 theelepel vanille-extract

INSTRUCTIES:
a) Verwarm de oven voor op 325 ° F. Bekleed twee bakplaten met bakpapier.
b) Meng in een middelgrote kom de bloem, het cacaopoeder, het bakpoeder en het zout. In een grote kom, met een elektrische handmixer, de gesmolten chocoladestukjes, margarine, suiker en vanille samen kloppen tot ze goed gemengd zijn. Voeg de droge ingrediënten in batches toe aan de natte totdat ze volledig zijn opgenomen.
c) Schep kleine balletjes deeg, ongeveer zo groot als een grote knikker (ongeveer 2 theelepels), op de voorbereide bakplaten, ongeveer 5 cm uit elkaar. Vet de achterkant van een eetlepel licht in en druk voorzichtig en gelijkmatig op elk koekje totdat het plat is en ongeveer 1,5 cm breed is. Bak gedurende 12 minuten, of tot de randen stevig zijn. Als u beide vellen tegelijkertijd bakt, draai de vellen dan halverwege.
d) Nadat u de koekjes uit de oven heeft gehaald, laat u de koekjes 5 minuten afkoelen op de bakplaat en legt u ze vervolgens op een rooster. Laat de koekjes volledig afkoelen. Bewaren in een luchtdichte verpakking

73. Chocolade koekjes

INGREDIËNTEN:
- 2 ¼ kopjes Bisquick-mix
- ½ kopje kristalsuiker
- ½ kopje bruine suiker, verpakt
- ½ kopje ongezouten boter, verzacht
- 1 theelepel vanille-extract
- 1 ei
- 1 kopje chocoladestukjes

INSTRUCTIES:
a) Verwarm de oven voor op 190°C.
b) Meng in een mengkom de Bisquick-mix, kristalsuiker, bruine suiker, zachte boter, vanille-extract en ei. Meng tot alles goed gemengd is.
c) Roer de chocoladestukjes erdoor.
d) Laat ronde theelepels deeg op een niet-ingevette bakplaat vallen.
e) Bak gedurende 8-10 minuten of tot de koekjes licht goudbruin zijn aan de randen.
f) Laat de chocoladekoekjes een paar minuten afkoelen op de bakplaat en leg ze vervolgens op een rooster om volledig af te koelen.
g) Serveer de koekjes en geniet ervan!

74. Matcha-koekjes met witte chocolade zonder baksel

INGREDIËNTEN:
- 2 kopjes gerolde haver
- 1 kopje witte chocoladestukjes
- ½ kopje amandelboter
- ¼ kopje honing
- 1 eetlepel matchapoeder
- 1 theelepel vanille-extract

INSTRUCTIES:
a) Meng havermout en matchapoeder in een grote mengkom.
b) Smelt de witte chocoladestukjes in een magnetronbestendige kom in de magnetron en roer elke 30 seconden tot een gladde massa.
c) Voeg amandelboter, honing en vanille-extract toe aan de gesmolten witte chocolade en roer tot alles goed gemengd is.
d) Giet het natte mengsel over de haver en matcha en meng tot alle ingrediënten gelijkmatig bedekt zijn.
e) Schep lepels van het mengsel op een met bakpapier beklede bakplaat en druk het iets plat.
f) Zet ongeveer 1 uur in de koelkast of tot het stevig is.

75. Cadbury- en hazelnootkoekjes

INGREDIËNTEN:
- 150 g ongezouten boter, zacht
- 150 g kristalsuiker
- 1 groot ei
- 1 theelepel vanille-extract
- 225 g zelfrijzend bakmeel
- ½ theelepel bakpoeder
- ¼ theelepel zout
- 100 g Cadbury-chocoladestukjes
- 50 g gehakte hazelnoten

INSTRUCTIES:
a) Verwarm de oven voor op 180C/160C hetelucht/gas 4.
b) Bekleed een bakplaat met bakpapier.
c) Klop in een grote mengkom de zachte boter en de basterdsuiker tot een bleek en romig mengsel.
d) Klop het ei en het vanille-extract erdoor.
e) Zeef de zelfrijzende bloem, het bakpoeder en het zout erdoor en meng tot alles net gemengd is.
f) Roer de Cadbury-chocoladestukjes en de gehakte hazelnoten erdoor.
g) Rol het mengsel in kleine balletjes en plaats ze op de voorbereide bakplaat, met voldoende afstand van elkaar.
h) Bak gedurende 12-15 minuten, of tot het licht goudbruin is en net stevig is.
i) Laat het 5 minuten afkoelen op de bakplaat voordat je het op een rooster legt om volledig af te koelen.

76. Cakemixkoekjes

INGREDIËNTEN:
- 1 pakje Duitse chocoladetaartmix; inclusief pudding
- 1 kopje Halfzoete chocoladestukjes
- ½ kopje Havermout
- ½ kopje Rozijnen
- ½ kopje Olijfolie
- 2 Eieren; lichtjes geslagen

INSTRUCTIES:
a) Verwarm de oven tot 350 graden.
b) Combineer alle ingrediënten in een grote kom; goed mengen. Laat het deeg met een ronde theelepel van vijf centimeter van elkaar op niet-ingevette bakplaten vallen.
c) Bak op 350 graden gedurende 8-10 minuten of tot het stevig is. Koel 1 minuut; verwijder van bakplaten.

77. Duitse koekjes

INGREDIËNTEN:
- 1 doos van 18,25 ounce Duitse chocoladetaartmix
- 1 kop halfzoete chocoladestukjes
- 1 kopje havermout
- ½ kopje olijfolie
- 2 eieren, lichtgeklopt
- ½ kopje rozijnen
- 1 theelepel vanille

INSTRUCTIES:
a) Verwarm de oven voor op 350 ° F.
b) Combineer alle ingrediënten. Meng goed met een elektrische mixer op lage snelheid. Als er bloemige kruimels ontstaan, voeg dan een scheutje water toe.
c) Laat het deeg lepelsgewijs op een niet-ingevette bakplaat vallen.
d) Bak gedurende 10 minuten.
e) Laat ze volledig afkoelen voordat u de koekjes van het vel haalt en op een serveerschaal legt.

78. Kersenkoekjes

INGREDIËNTEN:
- 2 ¼ kopjes Bloem voor alle doeleinden
- ½ kopje Nederlandse cacaopoeder
- ½ theelepel bakpoeder
- ½ theelepel zuiveringszout
- 1 theelepel zout
- 1 kopje ongezouten boter gesmolten en afgekoeld
- ¾ kopje bruine suiker, licht of donker verpakt
- ¾ kopje witte kristalsuiker
- 1 theelepel puur vanille-extract
- 2 Grote eieren op kamertemperatuur
- 1 kop Witte chocoladestukjes
- ½ kopje halfzoete chocoladestukjes
- 1 kop Verse kersen Gewassen, ontpit en in vieren gesneden

INSTRUCTIES:
m) Smelt de boter in de magnetron en laat het 10-15 minuten afkoelen tot het op kamertemperatuur is. Maak de kersen klaar en snijd ze in kleine kwartjes.
n) 1 kopje ongezouten boter, 1 kopje verse kersen
o) Verwarm de oven voor op 350 ° F. Bekleed twee bakplaten met bakpapier. Opzij zetten.
p) Meng de bloem, cacaopoeder, bakpoeder, zuiveringszout en zout in een middelgrote kom. Opzij zetten.
q) 2 ¼ kopjes bloem, ½ kopje ongezoet cacaopoeder, ½ theelepel bakpoeder, ½ theelepel zuiveringszout, 1 theelepel zout
r) Voeg in een grote kom gesmolten boter, bruine suiker, suiker, vanille en eieren toe. Gebruik een rubberen spatel om te mengen tot een gladde massa.

79. Speculaas

INGREDIËNTEN:
- 2 kopjes All-purpose Flour
- ½ kopje ongezouten boter, verzacht
- ¾ kopje bruine suiker
- 1 theelepel gemalen kaneel
- ½ theelepel gemalen nootmuskaat
- ½ theelepel gemalen gember
- ¼ theelepel gemalen kruidnagel
- ¼ theelepel gemalen kardemom
- ¼ theelepel zout
- 1 groot ei

INSTRUCTIES:
a) Meng in een mengkom de bloem, gemalen kaneel, nootmuskaat, gember, kruidnagel, kardemom en zout. Opzij zetten.
b) Klop in een aparte kom de zachte boter en de bruine suiker tot een licht en luchtig mengsel.
c) Klop het ei erdoor tot het goed gemengd is.
d) Voeg geleidelijk het droge ingrediëntenmengsel toe aan het botermengsel.
e) Meng totdat het deeg samenkomt.
f) Als het deeg te droog lijkt, kun je een eetlepel melk toevoegen om het te helpen binden.
g) Vorm het deeg tot een schijf en wikkel het in plasticfolie. Zet het deeg minimaal 1 uur in de koelkast, of tot het stevig is.
h) Verwarm uw oven voor op 175°C. Bekleed een bakplaat met bakpapier.
i) Rol het gekoelde deeg op een licht met bloem bestoven oppervlak uit tot een dikte van ongeveer ¼ inch.
j) Gebruik koekjesvormers om de gewenste vormen uit het deeg te snijden. Traditioneel hebben Speculooskoekjes de vorm van windmolens, maar je kunt elke gewenste vorm gebruiken.
k) Plaats de uitgesneden koekjes op de voorbereide bakplaat en laat wat ruimte tussen elk koekje.
l) Bak de koekjes ongeveer 10-12 minuten in de voorverwarmde oven, of tot ze licht goudbruin zijn aan de randen.

m) Haal de koekjes uit de oven en laat ze afkoelen op een rooster.
n) Eenmaal volledig afgekoeld zijn de Speculooskoekjes klaar om van te genieten. In een luchtdichte verpakking zijn ze enkele dagen houdbaar.
o) 1 kopje ongezouten boter, ¾ kopje bruine suiker, ¾ kopje witte kristalsuiker, 1 theelepel puur vanille-extract, 2 grote eieren
p) Voeg de droge ingrediënten toe en mix tot alles gemengd is. Het wordt een zacht deeg. Voeg de witte chocoladestukjes, chocoladestukjes en verse kersen toe.
q) 1 kopje witte chocoladestukjes, ½ kopje halfzoete chocoladestukjes, 1 kopje verse kersen
r) Gebruik een grote koekjesschep (3-ounce koekjesschep) om het deeg te scheppen. Plaats 6 koekjesdeegballetjes per bakplaat.
s) Bak één bakplaat per keer. Bak gedurende 13-15 minuten. Terwijl het warm is, garneer met extra chocoladestukjes en witte chocoladestukjes.
t) Laat het koekje 10 minuten in de hete pan liggen. Breng het vervolgens over naar een koelrek om af te koelen.

80. Cornflake-chocoladekoekjes

INGREDIËNTEN:
- 1 kopje ongezouten boter, verzacht
- 1 kopje kristalsuiker
- 1 kopje verpakte bruine suiker
- 2 grote eieren
- 1 theelepel vanille-extract
- 2 kopjes All-purpose Flour
- 1 theelepel zuiveringszout
- ½ theelepel zout
- 2 kopjes chocoladestukjes
- 2 kopjes gemalen cornflakes

INSTRUCTIES:

a) Verwarm uw oven voor op 175°C. Bekleed bakplaten met bakpapier.

b) Meng in een grote mengkom de zachte boter, de kristalsuiker en de bruine suiker tot een licht en luchtig mengsel.

c) Voeg de eieren één voor één toe en klop goed na elke toevoeging. Roer het vanille-extract erdoor.

d) Meng in een aparte kom de bloem, het bakpoeder en het zout. Voeg geleidelijk de droge ingrediënten toe aan de natte ingrediënten en meng tot alles net gemengd is.

e) Spatel de chocoladestukjes en gemalen cornflakes erdoor.

f) Laat ronde eetlepels deeg op de voorbereide bakplaten vallen, met een tussenruimte.

g) Bak gedurende 10-12 minuten of tot ze goudbruin zijn rond de randen.

h) Laat de koekjes een paar minuten afkoelen op de bakplaten voordat u ze op roosters legt om volledig af te koelen.

81. Cappuccinokoekjes met witte chocolade

INGREDIËNTEN:
- 1 kopje ongezouten boter, verzacht
- 1 kopje kristalsuiker
- 2 grote eieren
- 2 theelepels oploskoffiekorrels
- 2 theelepels vanille-extract
- 2 ½ kopjes bloem voor alle doeleinden
- ½ kopje cacaopoeder
- 1 theelepel zuiveringszout
- ½ theelepel zout
- 1 kopje witte chocoladestukjes

INSTRUCTIES:
a) Verwarm uw oven voor op 175°C (350°F) en bekleed een bakplaat met bakpapier.
b) Meng in een grote mengkom de zachte boter en de kristalsuiker tot het licht en luchtig is.
c) Voeg de eieren één voor één toe en meng goed na elke toevoeging.
d) Los de oploskoffiekorrels op in een kleine hoeveelheid heet water. Voeg dit koffiemengsel en het vanille-extract toe aan de natte ingrediënten. Meng tot alles goed gemengd is.
e) Meng in een aparte kom de bloem, cacaopoeder, zuiveringszout en zout.
f) Voeg geleidelijk de droge ingrediënten toe aan de natte ingrediënten en meng tot er een deeg ontstaat.
g) Roer de witte chocoladestukjes erdoor tot ze gelijkmatig door het deeg zijn verdeeld.
h) Laat met een lepel of koekjesschep ronde eetlepels deeg op de voorbereide bakplaat vallen, met een onderlinge afstand van ongeveer 5 cm.
i) Maak elk koekje een beetje plat met de achterkant van een lepel of met je vingers.
j) Bak in de voorverwarmde oven gedurende 10-12 minuten of tot de randen stevig zijn en het midden nog enigszins zacht is. Pas op dat u niet overbakt.
k) Haal de koekjes uit de oven en laat ze een paar minuten afkoelen op de bakplaat voordat je ze op een rooster legt om volledig af te koelen.
l) Eenmaal afgekoeld kun je genieten van deze heerlijke witte chocolade-cappuccinokoekjes bij een kopje koffie of cappuccino!

82. Snickers Bar gevulde chocoladekoekjes

INGREDIËNTEN:
- 2 ½ kopjes bloem voor alle doeleinden
- 1 theelepel zuiveringszout
- ½ theelepel zout
- 1 kopje ongezouten boter, verzacht
- 1 kopje kristalsuiker
- 1 kopje verpakte bruine suiker
- 2 grote eieren
- 1 theelepel vanille-extract
- 1 ½ kopje chocoladestukjes
- 1 kopje gehakte Snickers-repen

INSTRUCTIES:
a) Verwarm uw oven voor op 190°C (375°F) en bekleed een bakplaat met bakpapier.
b) Meng in een kom de bloem, het bakpoeder en het zout.
c) Klop in een aparte kom de zachte boter, de kristalsuiker en de bruine suiker tot een licht en luchtig mengsel.
d) Klop de eieren en het vanille-extract erdoor tot alles goed gemengd is.
e) Voeg geleidelijk de droge ingrediënten toe aan de natte ingrediënten en meng tot alles net gemengd is.
f) Vouw de chocoladestukjes en de gehakte Snickers-repen erdoor.
g) Neem ongeveer 2 eetlepels deeg en druk het plat in je hand. Plaats een klein stukje Snickers-reep in het midden en vouw het deeg eromheen tot een bal.
h) Plaats de koekjesdeegballetjes op de voorbereide bakplaat, met een tussenafstand.
i) Bak gedurende 10-12 minuten of tot ze goudbruin zijn rond de randen.
j) Laat de koekjes een paar minuten afkoelen op de bakplaat en leg ze vervolgens op een rooster om volledig af te koelen.

KOEKJES

83.Brownie Koekjes

INGREDIËNTEN:
- 1/3 kopje boter, verzacht
- 2/3 kopje witte suiker
- 2 eieren
- 1 theelepel vanille-extract
- 13/4 kopjes bloem voor alle doeleinden
- 1/3 kopje ongezoet cacaopoeder
- 2 theelepels bakpoeder
- 1/2 kop miniatuur halfzoete chocoladestukjes
- 1/4 kopje gehakte walnoten
- 1 eidooier, losgeklopt
- 1 eetlepel water

INSTRUCTIES:
a) Verwarm de oven voor op 190°C. Vet de bakplaten in, of bekleed ze met bakpapier.
b) Meng in een grote kom de boter en de suiker tot een gladde massa. Klop de eieren één voor één erdoor en roer vervolgens de vanille erdoor. Combineer de bloem, cacao en bakpoeder; roer het afgeroomde mengsel erdoor tot het goed gemengd is. Het deeg zal stijf zijn, dus meng het laatste beetje met de hand. Meng de chocoladestukjes en walnoten erdoor.
c) Verdeel het deeg in twee gelijke delen. Vorm er broden van 9x2x1 inch van. Plaats op bakplaat met een tussenruimte van 4 inch. Bestrijk met een mengsel van water en dooier.
d) Bak gedurende 20 tot 25 minuten in de voorverwarmde oven, of tot het stevig is. Laat 30 minuten afkoelen op de bakplaat.
e) Snijd de broden met een gekarteld mes diagonaal in plakjes van 1 inch. Leg de plakjes terug op de bakplaat en leg ze op hun zijkant. Bak 10 tot 15 minuten aan elke kant, of tot het droog is. Volledig afkoelen en bewaren in een luchtdichte verpakking.

84. Amandelkoekjes

INGREDIËNTEN:
- ½ kopje Boter of margarine, verzacht
- 1¼ kopje suiker
- 3 eieren
- 1 theelepel vanille-extract of anijsaroma
- 2 kopjes All-purpose Flour
- 2 theelepels bakpoeder
- 1 scheutje zout
- ½ kopje amandelen, gehakt
- 2 theelepels Melk

INSTRUCTIES:
a) In een mengkom, roomboter en 1 kopje suiker. Voeg de eieren toe, één voor één, goed kloppend na elke toevoeging. Roer anijs of vanille erdoor.
b) Combineer droge ingrediënten; voeg toe aan het romige mengsel. Roer de amandelen erdoor.
c) Bekleed een bakplaat met folie en vet folie in. Verdeel het deeg in tweeën; verspreid in twee 12x3 in rechthoeken op folie. Bestrijk ze met melk en bestrooi ze met de resterende suiker. Bak op 375 graden. gedurende 15 tot 20 minuten. of tot ze goudbruin zijn en stevig aanvoelen. Haal uit de oven en zet het vuur lager tot 300 graden. Til rechthoeken met folie op een rooster; koel gedurende 15 minuten. Plaats op een snijplank; snijd diagonaal ½ inch dik. Leg het plakje met de snijkant naar beneden of op niet-ingevette bakplaten. Bak gedurende 10 minuten.
d) Draai koekjes om; bak 10 min. meer. Zet de oven uit en laat de koekjes in de oven staan; met de deur op een kier om af te koelen. Bewaren in een luchtdichte verpakking.

85. Anijskoekjes

INGREDIËNTEN:
- 2 kopjes + 2 eetlepels bloem
- ¾ kopje suiker
- 1 eetlepel anijszaad, geplet
- 1 theelepel bakpoeder
- ½ theelepel zuiveringszout
- ¼ theelepel zout
- 3 Ei-equivalenten
- 2 eetlepels geraspte verse citroenschil (of
- 1 eetlepel droog)
- 1 eetlepel vers citroensap

INSTRUCTIES:
a) Verwarm de oven voor op 325 graden F. Smeer de bakplaat in met antiaanbakspray of perkament. Meng bloem, suiker, anijszaad, bakpoeder, zuiveringszout en zout in een middelgrote kom. Klop het ei-equivalent, de citroenschil en het citroensap door elkaar en voeg toe aan de droge ingrediënten. Goed mengen.

b) Werk op een met bloem bestoven oppervlak en vorm het deeg in twee blokken, elk ongeveer 14 inch lang en 1-½ inch dik. Leg de houtblokken op de voorbereide bakplaat, met een tussenruimte van minimaal 10 cm (het deeg zal tijdens het bakken uitspreiden). Bak gedurende 20 tot 25 minuten, tot het stevig aanvoelt.

c) Breng de houtblokken over naar het rek om af te koelen. Verlaag de oventemperatuur tot 300 graden F. Snijd de houtblokken diagonaal in plakjes van ½ inch dik, met behulp van een gekarteld mes en een zachte zaagbeweging. Leg de plakjes op hun zijkant op de bakplaat en zet ze terug in de oven.

d) Bak gedurende 40 minuten. Haal het uit de oven en laat het volledig afkoelen voordat u het opbergt. Koekjes worden knapperig als ze afkoelen. Bewaren, in een luchtdichte verpakking, maximaal een maand.

86. Anijs-citroenkoekjes

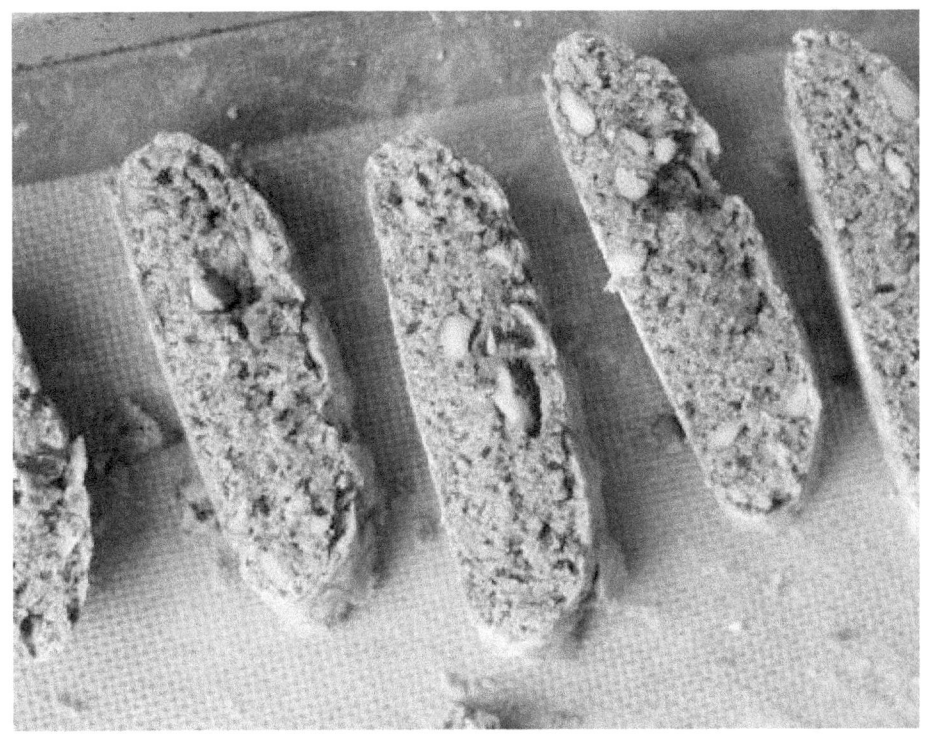

INGREDIËNTEN:
- 2 kopjes ongebleekte witte bloem
- 1 theelepel bakpoeder
- ¼ theelepel zout
- 1 kopje suiker
- 2 Hele eieren
- 1 Eiwit
- 2 eetlepels Vers geraspte citroenschil
- 1 eetlepel Gemalen anijszaadjes

INSTRUCTIES:
a) Verwarm de oven voor op 350 graden. Maak een bakplaat klaar met kookspray of een heel dun laagje olie. Zeef de bloem, maïsmeel, bakpoeder en zout in een grote mengkom. Klop de eieren lichtjes los en voeg ze toe aan het bloemmengsel.
b) Roer de ahornsiroop, vanille en walnoten erdoor en meng tot het deeg glad is. Schep met een rubberen spatel en bebloemde handen de helft van het deeg uit de kom en leg het op één kant van de bakplaat. Vorm het deeg tot een stuk hout van 15 cm lang.
c) Maak met het overgebleven deeg een tweede blok aan de andere kant van de bakplaat. Plaats de houtblokken op een afstand van minstens 15 cm van elkaar. Bak gedurende 25-30 minuten, totdat de bovenkant van elk koekjesblok stevig is.
d) Verwijder ze met een lange spatel op een rooster en laat ze 10-15 minuten afkoelen. Snijd elk blok op een scherpe diagonaal in plakjes van ongeveer 20½ "dik en plaats ze met de snijzijde naar beneden op de bakplaat. Verlaag de oventemperatuur tot 350 graden en bak gedurende 15 minuten.
e) Heet uit de oven kunnen de koekjes in het midden enigszins zacht zijn, maar ze zullen hard worden als ze afkoelen.
f) Laat ze volledig afkoelen. Als je ze in een blik of ander goed gesloten bakje bewaart, zijn ze minstens een paar weken houdbaar.

87.Kersenkoekjes

INGREDIËNTEN:
- 2 kopjes All-purpose Flour
- 1 kopje suiker
- ½ theelepel bakpoeder
- ½ theelepel zout
- ¼ kopje boter; in kleine stukjes gesneden
- 1 kopje hele amandelen; grove hak
- 1 kop Hele gekonfijte kersen
- 2 grote eieren; lichtjes geslagen
- ½ theelepel Vanille
- 1 eetlepel melk (optioneel)

INSTRUCTIES:
a) Verwarm de oven voor op 350 graden. Vet een grote bakplaat in.
b) Meng de bloem, suiker, bakpoeder en zout in een kom. Snijd de boter erdoor met de deegblender tot er grove kruimels ontstaan. Roer de amandelen en kersen erdoor. Roer de eieren en vanille erdoor tot alles goed gemengd is. Als het mengsel kruimelig droog is, voeg dan melk toe.
c) Verdeel het mengsel doormidden.
d) Op een licht met bloem bestoven oppervlak, met met bloem bestoven handen, druk het deeg samen en vorm het in twee blokken van 10 inch. Plat maken tot een breedte van 2-½ inch. Plaats houtblokken op de voorbereide bakplaat.
e) Bak in een oven van 350 graden gedurende 30 tot 35 minuten. Breng de houtblokken met twee spatels over naar een rek om gedurende 20 minuten af te koelen.
f) Snijd elk blok met een gekarteld mes diagonaal in plakjes van ¾ inch dik.
g) Keer terug naar de bakplaat. Bak 15 minuten of tot de koekjes knapperig zijn en stevig aanvoelen. Breng over naar een rooster om af te koelen. Bewaren in een luchtdichte verpakking gedurende maximaal 2 weken.

88. Hazelnoot- en abrikozenkoekjes

INGREDIËNTEN:
- 4 kopjes bloem
- 2½ kopje suiker
- 1 theelepel bakpoeder
- ½ theelepel zout
- 6 eieren
- 2 Eidooiers
- 1 eetlepel vanille-extract
- 1 kop hazelnoten, geroosterd, gepeld,
- Gehakt
- 1½ kopje Fijngesneden gedroogde abrikozen
- 2 eetlepels water

INSTRUCTIES:
a) Verwarm de oven voor op 350F.
b) Zeef ondertussen de bloem, de suiker, het bakpoeder en het zout in een grote kom. Klop in een andere kom 5 eieren, 2 eidooiers en vanille door elkaar. Meng de losgeklopte eieren met het bloemmengsel en voeg de hazelnoten en abrikozen toe.
c) Kneed het deeg op een licht met bloem bestoven bord gedurende 5-7 minuten, of tot het gelijkmatig gemengd is. Als het deeg te kruimelig is om bij elkaar te houden, voeg dan een beetje water toe. Verdeel het deeg in 4 delen en rol elk van deze delen uit tot een cilinder met een diameter van 5,5 cm.
d) Plaats 2 cilinders met een onderlinge afstand van 7,5 cm op elk van de 2 goed ingevette bakplaten en druk ze iets plat. Klop het resterende ei los met het water en bestrijk elke cilinder met het mengsel. Bak in de voorverwarmde oven gedurende 35 minuten, of tot het gaar is.
e) Haal het uit de oven en verlaag het vuur tot 325F. Snijd de koekjes diagonaal in plakjes van ¾ inch dik. Verdeel de plakjes over de bakplaten en plaats ze terug in de oven gedurende 10 minuten, of tot ze net beginnen te kleuren. Laat afkoelen en bewaar in een luchtdichte pot.

89. Citroen-rozemarijnkoekjes

INGREDIËNTEN:
- ½ kopje amandelen; geheel geroosterd
- ⅓ kopje boter; zoet
- ¾ kopje suiker; gegranuleerd
- 2 eieren; groot
- 1 theelepel vanille-extract
- 3 theelepels Citroenschil
- 2¼ kopje bloem voor alle doeleinden
- 1½ theelepel verse rozemarijn; fijn gesneden
- ¼ theelepel zout

INSTRUCTIES:
a) Boter en suiker samen kloppen. Voeg eieren, vanille, citroenschil, rozemarijn, zout en bakpoeder toe. Voeg de bloem één kopje per keer toe.
b) Pat in 2 broden van ongeveer 1 inch hoog en 2 inch breed. Bak op 325'F gedurende 25 minuten of tot ze goudbruin zijn.
c) Haal uit de oven en schuif de bakvorm op een snijplank. Snijd de broden in plakjes van een halve centimeter dik en leg ze op hun zijkant terug in de bakvorm.
d) Zet de bakvorm terug in de oven en bak nog eens 10 minuten of tot hij knapperig is.

GEGEVEN KOEKJES

90.Oranje Cranberry-druppels

INGREDIËNTEN:
- 1/2 kop verpakte bruine suiker
- 1/4 kopje boter, verzacht
- 1 ei
- 3 eetlepels sinaasappelsap
- 1/2 theelepel sinaasappelextract
- 1 theelepel geraspte sinaasappelschil
- 1 1/2 kopjes bloem voor alle doeleinden
- 1/2 theelepel bakpoeder
- 1/4 theelepel zuiveringszout
- 1/4 theelepel zout
- 1 kopje gedroogde veenbessen

INSTRUCTIES:
a) Verwarm de oven voor op 190°C (375°F). Vet de bakplaten licht in, of bekleed ze met bakpapier.
b) Meng in een middelgrote kom de witte suiker, bruine suiker en boter. Roer het ei, het sinaasappelsap, het sinaasappelextract en de sinaasappelschil erdoor. Zeef de bloem, bakpoeder, zuiveringszout en zout; meng door het sinaasappelmengsel. Roer de gedroogde veenbessen erdoor. Laat het koekjesdeeg vallen door theelepels, met een onderlinge afstand van 5 cm, op de voorbereide bakplaten te leggen.
c) Bak gedurende 10 tot 12 minuten, of tot de randen bruin beginnen te worden. Laat het 5 minuten afkoelen op bakplaten en plaats het vervolgens op een rooster om volledig af te koelen.

91. Suikerpruimdruppels

INGREDIËNTEN:
- 1/2 kopje boter, verzacht
- 1/2 kopje bakvet
- 11/2 kopjes witte suiker
- 2 eieren
- 2 theelepels vanille-extract
- 2 3/4 kopjes bloem voor alle doeleinden
- 2 theelepels wijnsteencrème
- 1 theelepel zuiveringszout
- 1/4 theelepel zout
- 2 eetlepels witte suiker
- 2 theelepels gemalen kaneel

INSTRUCTIES:
a) Verwarm de oven voor op 200 °C.
b) Meng de boter, het bakvet, 1 1/2 kopjes suiker, de eieren en de vanille door elkaar. Meng de bloem, wijnsteenroom, frisdrank en zout erdoor. Vorm het deeg met ronde lepels tot balletjes.
c) Meng de 2 eetlepels suiker en de kaneel. Rol balletjes deeg door het mengsel. Plaats 2 inch uit elkaar op niet-ingevette bakplaten.
d) Bak 8 tot 10 minuten, of tot het stevig maar niet te hard is. Haal het onmiddellijk van de bakplaten.

92.Weense Crescent-vakantiekoekjes

INGREDIËNTEN:
- 2 kopjes All-purpose Flour
- 1 kopje boter
- 1 kopje hazelnoten, gemalen
- 1/2 kopje gezeefde banketbakkerssuiker
- 1/8 theelepel zout
- 1 theelepel vanille-extract
- 2 kopjes gezeefde banketbakkerssuiker
- 1 vanilleboon

INSTRUCTIES:
a) Verwarm de oven voor op 190°C.
b) Meng in een grote mengkom bloem, boter, noten, 1/2 kopje banketbakkerssuiker, zout en vanille. Meng met de hand tot het grondig gemengd is. Vorm het deeg tot een bal. Dek af en zet 1 uur in de koelkast.
c) Doe ondertussen de suiker in een kom of kleine container. Met een scherp koksmes het vanillestokje in de lengte doorsnijden. Schraap de zaadjes eruit en meng ze door de suiker. Snijd de peul in stukjes van 2 inch en meng door de suiker.
d) Haal het deeg uit de koelkast en vorm er balletjes van 1 inch van. Rol elke bal in een kleine rol, 7,5 cm lang. Laat ze 5 cm uit elkaar vallen op een niet-ingevette bakplaat en buig ze allemaal in de vorm van een halvemaan.
e) Bak 10 tot 12 minuten in de voorverwarmde oven, of tot het stevig maar niet bruin is.
f) Laat 1 minuut staan en verwijder het vervolgens van de bakplaten. Plaats hete koekjes op een groot vel aluminiumfolie. Bestrooi met bereid suikermengsel. Draai voorzichtig om aan beide kanten te bedekken. Volledig afkoelen en bewaren in een luchtdichte verpakking op kamertemperatuur. Vlak voor het serveren bestrijken met meer suiker met vanillesmaak.

93. Dropkoekjes met appel-rozijnen

INGREDIËNTEN:
- 1 pakje Pillsbury Moist Supreme Gele Cakemix
- 1 theelepel kaneel
- ½ theelepel Nootmuskaat
- ½ kopje zure room
- 2 eieren
- 1 kopje appel; Grof versnipperd
- ½ kopje rozijnen
- 2 eetlepels poedersuiker
- Vier dozijn koekjes.

INSTRUCTIES:
a) Verwarm de oven tot 350F. Koekjesvellen invetten. Meng in een grote kom de cakemix, kaneel, nootmuskaat, zure room en eieren; goed mengen.
b) Appel en rozijnen erdoor roeren. Laat het deeg vallen door theelepels met een tussenruimte van 2,5 cm op ingevette bakplaten te stapelen. 2.
c) Bak 10 tot 14 minuten of tot de randen goudbruin zijn.
d) Verwijder onmiddellijk van de bakplaten. Koel 5 minuten of tot het volledig is afgekoeld. Bestrooi eventueel met poedersuiker.

94. Kersendruppelkoekjes

INGREDIËNTEN:
- 1 pakje Cherry Supreme Deluxe Taart
- ½ kopje bakolie
- 2 eetlepels water
- 2 eieren
- Enkele druppels rode voedingskleurstof
- 1 kop Gehakte noten
- In vieren gesneden marasquinkers

INSTRUCTIES:
a) Verwarm de oven voor op 350 graden. Meng de cakemix, olie, water, eieren en kleurstof. Roer de noten erdoor. Laat het van een theelepel op een niet-ingevette bakplaat vallen. Beleg elk koekje met een kwart maraschinokers.
b) Bak gedurende 10-12 minuten. Laat ongeveer 1 minuut afkoelen op bakplaat en vervolgens op een rek om het afkoelen te voltooien.

95. Cacao dropkoekjes

INGREDIËNTEN:
- ½ kopje bakvet
- 1 kopje suiker
- 1 ei
- ¾ kopje karnemelk
- 1 theelepel vanille-extract
- 1¾ kopje bloem, universeel
- ½ theelepel frisdrank
- ½ theelepel zout
- ½ kopje cacao
- 1 kopje pecannoten; gehakt (of walnoten)

INSTRUCTIES:
a) Crème bakvet; Voeg geleidelijk suiker toe en klop tot het licht en luchtig is. Voeg het ei toe, goed kloppend. Roer de karnemelk en het vanille-extract erdoor.
b) Combineer bloem, frisdrank, zout en cacao; voeg toe aan het afgeroomde mengsel en klop goed. Pecannoten erdoor roeren. Laat het deeg 1 uur afkoelen.
c) Laat het deeg met theelepels, met een tussenruimte van 5 cm, op ingevette bakplaten vallen.
d) Bak op 400 graden gedurende 8 tot 10 minuten.

96. Met datum gevulde dropkoekjes

INGREDIËNTEN:
- 4 kopjes Basis koekjesmix
- ¼ theelepel kaneel
- 2 eieren, geslagen
- 1 kop Gehakte dadels
- 3 eetlepels suiker
- 1 theelepel vanille
- ¼ kopje water of karnemelk
- walnoot helften
- 3 eetlepels Water
- ¼ kopje Gehakte noten

INSTRUCTIES:
a) Combineer dadels, suiker en water in een kleine pan. Kook op middelhoog vuur ongeveer 5 tot 10 minuten, roer tot het dik is. Haal van het vuur.
b) Iets afkoelen. Roer de gehakte noten erdoor. Zet opzij om af te koelen. Verwarm de oven voor op 375. Vet de bakplaten licht in. Meng in een grote kom de koekjesmix, kaneel, eieren, vanille en water of karnemelk. Meng goed. Druppel per theelepel op voorbereide bakplaten.
c) Schep ½ theelepel dadelvulling op elk koekje en druk het deeg iets aan. Bedek elk met nog een theelepel deeg. Bestrijk met de helft walnoot. Bak 10 tot 12 minuten.

97. Duivelse voedseldruppelkoekjes

INGREDIËNTEN:
- 1 kopje bruine suiker
- ½ kopje boter, verzacht
- 1 theelepel vanille
- 2 ons (2 vierkantjes) ongezoete chocolade
- 1 ei
- 2 kopjes bloem
- ½ theelepel zuiveringszout
- ½ theelepel zout
- ¾ kopje zure room
- ½ kopje Gehakte walnoten

MOKKA glazuur:
- 1½ kopje Poedersuiker
- 2 eetlepels ongezoete cacao
- ¼ kopje boter, verzacht
- 1 tot 2 theelepels. oploskoffiekorrels
- 1½ theelepel vanille
- 2 tot 3 eetl. melk

INSTRUCTIES:
KOEKJES:
a) Verwarm de oven tot 350 graden. Koekjesvellen invetten. Klop in een grote kom de bruine suiker en ½ kopje boter tot het licht en luchtig is. Voeg 1 theelepel toe. vanille, chocolade en ei; goed mengen.
b) Schep de bloem lichtjes in de maatbeker; afvlakken. Meng bloem, zuiveringszout en zout in een kleine kom. Voeg droge ingrediënten en zure room toe aan het chocolademengsel; Meng goed.
c) Walnoten erdoor roeren. Laat het vallen door theelepels met een tussenruimte van 5,5 cm op ingevette bakplaten te leggen. Bak op 350 gedurende 10 tot 14 minuten of tot het stevig is.
d) Koel 1 minuut; verwijder van bakplaten. Volledig afkoelen.
glazuur:
e) glazuuringrediënten in een kleine kom en voeg voldoende melk toe voor de gewenste smeerconsistentie; mixen tot een gladde substantie.
f) Verspreid over afgekoelde koekjes.
g) Laat het glazuur uitharden voordat u het opbergt.

98.Dropkoekjes met hickorynoten

INGREDIËNTEN:
- 2 kopjes suiker
- 1 kopje bakvet; goed verslaan
- 2 eieren
- 1 kopje melk; zuur of 1 kopje karnemelk
- 4 kopjes bloem
- 1 theelepel zuiveringszout
- 1 theelepel bakpoeder
- 1 kopje noten; gehakt
- 1 kopje rozijnen; gehakt

INSTRUCTIES:
a) Zeef frisdrank en bakpoeder met bloem.
b) Combineer de resterende ingrediënten, meng goed.
c) Laat theelepels vol op bakplaat vallen.
d) Bak in een gematigde oven van 375 F.

99. Ananas dropkoekjes

INGREDIËNTEN:
- ¼ kopje boter
- ¾ kopje suiker
- 1 elk ei
- ¼ kopje ananas; uitgelekt en verpletterd
- 1¼ kopje bloem; gezeefd
- Zout; een snuifje
- ¼ theelepel zuiveringszout
- ½ theelepel bakpoeder
- ¼ kopje notenvlees

INSTRUCTIES:
a) Roomboter, suiker, overige ingrediënten toevoegen. Meng goed, laat een halve theelepel op bakplaat vallen.
b) Bak in de oven op 375 F.

100.Rozijn-ananasdruppelkoekjes

INGREDIËNTEN:
- ½ kopje boter
- ½ theelepel Vanille
- 1 kopje bruine suiker, verpakt
- 1 ei
- ½ kopje rozijnen
- ¾ kopje gemalen ananas, uitgelekt
- 2½ kopje bloem
- 1 theelepel bakpoeder
- 1 theelepel zuiveringszout
- ½ theelepel zout

INSTRUCTIES:

a) Klop de boter, vanille en suiker luchtig en luchtig. Voeg het ei en de room goed toe. Rozijnen en ananas erdoor roeren. Zeef de droge ingrediënten samen. Voeg geleidelijk aan het roommengsel toe. Roer tot het goed gemengd is.

b) Kom langs met theelepels op ingevette bakplaten. Bak 12-15 minuten in een voorverwarmde oven van 375oF.

CONCLUSIE

Terwijl het laatste hoofdstuk van De Ultieme Kerstkokercollectie zich ontvouwt, bevinden we ons op het zoete kruispunt van culinaire kunsten en dierbare herinneringen. De warmte van de oven, de geurige tonen van kruiden die in de lucht hangen en het vrolijke gelach dat met dierbaren wordt gedeeld, vatten de ware geest van de feestdagen samen.

Deze verzameling is niet slechts een compendium van recepten; het is een bewijs van de blijvende traditie van samenkomen in het hart van het huis, iets magisch creëren met onze handen en dit delen met degenen die ons dierbaar zijn. Mogen de echo's van de keuken en de smaak van deze verrukkelijke lekkernijen, terwijl u afscheid neemt van de laatste pagina, in uw hart gegrift blijven en dienen als herinnering aan de vreugde, liefde en verbondenheid die kenmerkend zijn voor de feestdagen.

Als u de komende dagen deze recepten opnieuw maakt en de aroma's van kerstkoekjes uw huis opnieuw sieren, zult u misschien niet alleen een feest voor de zintuigen vinden, maar ook een voortzetting van de tradities die deze tijd van het jaar zo speciaal maken De Ultieme Kerstkokercollectie is meer dan een kookboek; het is een uitnodiging om uw vakantie te doordrenken met de zoetheid van gedeelde momenten, de rijkdom van traditie en de blijvende magie van Kerstmis. Mogen deze recepten, totdat we elkaar tijdens de volgende feestdagen weer ontmoeten, een bron van vreugde, inspiratie en het creëren van blijvende herinneringen blijven. Veel bakplezier en fijne feestdagen!

www.ingramcontent.com/pod-product-compliance
Lightning Source LLC
Chambersburg PA
CBHW071323110526
44591CB00010B/996